國士館
下森
國士館
林上
國士館
福居

相伝国士舘剣道

氏家道男
Michio Ujiie

講談社

相伝　国士舘剣道

第五章　さらなる高みへ　225

終章　国士舘剣道のルーツ——森島健男範士に聞く　242

装丁・DTP　ワークス　若菜　啓
写真撮影　西口邦彦
映像作成　株式会社メディア・ゲート・ジャパン
編集協力　株式会社小林事務所
構　　成　柳田直子
編　　集　青文舎（西垣成雄）

序章

「生涯剣道」を求めて

私たちが剣道を学ぶうえで、いちばん大切なことは何でしょうか。

こう問われれば、人によってさまざまな答えがあることと思います。同じ人でも年齢によって、また剣道のレベルによって、答えが変わってくることもあるでしょう。

私がはじめて竹刀を握ってから、五十六年がたちました。その間、いちども途切れることなく稽古をつづけてこられたのは幸せなことだったと感謝しています。学生時代は剣道部員として、また教職についてからは指導者として、剣道のことだけを考えて生きてきたといっても過言ではありません。

六十八歳になったいま、冒頭に掲げた問いには確信をもってこう答えたいと思います。

それは「生涯剣道」を目指すことだ、と。

＊　＊

「生涯剣道」といえば、真っ先に思い出すのが持田盛二先生のご遺訓です。あまりにも有名なことばなので、この本を手にとられた方なら、いちどはお読みになったことがあるのではないでしょうか。

ご遺訓には「私は剣道の基礎を体で覚えるのに五十年かかった」とあり、六十歳で心の修行に入り、七十歳で「心を動かさない修行」をし、八十歳になってからは「心に雑念を入れないように修行している」と結ばれています。

持田先生ほどの方が八十歳をすぎてなお、さらに

国士舘大学初代剣道部長の大野操一郎範士

上の境地を求めて稽古をされていたことには粛然とするばかりです。凡人にまねのできることではないかもしれませんが、ここで申し上げたいのは、持田先生でさえ基礎を覚えるのに五十年かかったという点です。

「生涯剣道」といっても、ただつづければよいというものではありません。人それぞれに向上心をもちつづけることが大事になります。剣道において向上心を支えるものとは何か。常に基礎、基本に立ち返ることだと私は思っています。

このように考えるに至ったのは、私が人生の大半をすごした国士舘大学での稽古のたまものです。

＊　＊

私が生まれ育ったのは宮城県の登米市というところです。剣道が盛んな土地柄で、十二歳のときに父・氏家良人から手ほどきをうけました。高校は地元の強豪、小牛田農林。恩師の小澤仁邇先生に鍛えていただき、インターハイでもあるていどの成績を残すことができました。小澤先生は国士舘大学剣道部の戦後二期生。先生のご縁もあって国士舘大学に進学することになります。

入学した第一印象は「とんでもないところにきた」というものでした。道

入学時の監督は矢野博志範士

場の広さが千二百畳分、剣道部員が四学年で四百五十人。全員が整列するとそれだけで壮観です。

一日二回の道場掃除は一年生の役目で、板目に沿ってていねいに拭いていきます。縦が四十メートルあるので、雑巾をよくぬらさないと最後は乾拭きになってしまうほど。

当時の剣道部は全寮制でした。朝五時には起床し、点呼と同時に駆け足で道場に上がります。掃除をして先輩方を待ち、全員で体操をして六時から朝稽古でした。内容は基本稽古が三十分、地稽古が三十分。基本稽古は非常にオーソドックスで、切り返し、打ち込み、掛かり稽古。地稽古になると数名いらっしゃる先生方に並んでお願いし、はみだした人はお互いに相手を見つけての稽古です。

この朝稽古で私たちはずいぶん鍛えられました。

いま思えば恥ずかしいかぎりですが、私も高校時代に多少の実績があったので、入学時には「もしかしたら一年生で選手に選ばれるかもしれない」という甘い気持ちがあったのも事実です。そんな希望は、すぐに打ち砕かれました。先輩方がとにかく強い。四年生に桜木哲史先輩、三年生に川添哲夫先

学生時に全日本選手権を制した川添哲夫選手（昭和47年卒）と国士舘創立者の柴田徳次郎総長

輩、二年生に横尾英治先輩と東一良先輩。まさに精鋭ぞろいで、私などが入る余地はまったくなかったのです。

同級生にも高校時代に国体優勝、玉竜旗優勝などの実績がある選手がいて、自分の小ささが身に染みたものでした。これから四年間選手になれず、稽古だけをつづけて終わるのかと悲しい思いがよぎったこともあります。とにかく自分の剣道が通用しない

昭和50年、全日本選手権で2度目の優勝を飾った川添選手。相手は宮澤保信選手(昭和50年卒)

――。

特に先輩方は技の質がちがっていました。渾身の面を打ったつもりでも、外されてポン、抜かれてポン。いとも簡単に打たれてしまう。抜かれるというより、見切られるといったほうが適切かもしれません。先輩たちのレベルのちがうさばきと打突はいまも記憶に鮮明です。

同級生でもたとえば鍔ぜり合いからの技がちがう。私が地元で教わったのは、崩して打つという一点でした。ところが特に九州出身者は、鍔ぜり合いから色を見せずに打つ、表をみせておいて裏から打つなど、多彩な技を駆使してきます。打たれた経験のない技なので、とにかく打たれる。鍔ぜり合いのことを考えただけで気が滅入ることもありました。まねをしようと思ってもそうはうまくいきません。

悩んだ末に開き直ることにしました。「できないものはできない。自分の剣道をやる以外にない」と。周囲に翻弄され、まねばかりしていたら、いまの私

はなかったでしょう。

＊　＊

国士舘は錚々たる先生方が指導にあたられることでも有名でした。

大学の教員としては部長の大野操一郎先生と監督の矢野博志先生。

師範として堀口清先生、小野十生先生、阿部三郎先生、伊保清次先生。

そんな先生方が毎日のようにいらっしゃいました。超一流の先生方の稽古を間近で拝見し、じかに竹刀をまじえて先生方の剣道を体感できたのは、ほんとうに貴重な経験です。

中でも小野先生は学生たちによく稽古をつけてくださいました。初めて私が稽古をお願いしたときのことはよく覚えています。立ち上がったらすぐ、自然に掛かり稽古になっていました。私としては地稽古をお願いするつもりが、何を言われたわけでもないのに、なぜか掛かり稽古の流れになっていた、そんな感じです。なんどもお願いするうちに、少しは我慢できるようになりましたが、どうも真綿でくるまれるような感覚で、気がつけばまた掛かり稽古になってしまう。いま考えてみれば、私たちは先生が真剣になって立ち合ってくださるような実力ではなかったのでしょう。五分に構えて稽古するには、あまりに遠いレベルでした。

小野十生範士

阿部先生は当時まだ四十代。重厚で激しく、厳しい攻めから、一本一本をしっかり打ち切る剣道でした。返し技にしても、自分から仕掛けていき、相手が出てくるところを楽々返すという形です。阿部先生の持論は独特で、「左足が大事」というものでした。「左足で攻める、左足で間合いを盗む、相手を崩す」と常におっしゃっていました。

伊保先生の剣道は変幻自在。気が向けば上段に構えることもありましたが、学生に対しては中段でした。見上げるような長身から小柄な人に胴を打ち込むかと思えば、気を抜くと遠間から片手半面が飛んでくるといった具合。無理だとわかっているのに小手に打ち込み、もののみごとに返される。しまったと思っていると、つかつかと歩み寄られてじっと顔を覗き込んでくるようなこともありました。無言のダメ押しということなのでしょう。伊保先生というと決まってよみがえる思い出です。

持田盛二範士（左）と伊保清次範士（昭和37年、講談社野間道場）

＊　＊

先生方の中でもいちばんプレッシャーがかかったのは大野先生との稽古です。大野先生にかかる列に並ぶと、緊張のあまり自分の番がくるまでに疲れがピークに達してしまうほどで、いざ稽古をお願いする時点で、すでにへとへとになっていました。先輩たちや同級生たちが掛かる様子を見ていて考えすぎ、集中が切れてしまっていたのでしょう。大野先

阿部三郎範士

生にお願いするときは、やはり面の稽古になりました。無理な技を出して叱られてしまったこともあります。

大野先生は当時七十歳くらいで、いつも何かを求めて稽古されていることが私たち学生にも伝わってきました。年齢にかかわらず、常に努力を怠らないお姿は、私にとって生涯のお手本となっています。

大学卒業後は大野先生によく講談社野間道場に連れていっていただくようになり、稽古の場も広がってきました。

大野先生に触発されて、自分も努力しなくてはと、警視庁や皇宮警察にも出稽古に行くようになりました。いちばん多く通ったのは警視庁です。大学の朝稽古を終えるとそのまま富坂にあった警視庁の道場へ。胸を貸してくださるのは中村毅先生、渡邊哲也先生、島本正勝先生、千葉仁先生などです。若手では梯正治先生、大野裕治先生と、とてつもなく強い人ばかりで、とにかく鍛えていただきました。

＊　＊

こうして私の二十代は大学卒業後も稽古漬けの日々となりました。すでに助手として正式に採用していただいていましたが、勤務のかたわら時間をやりくりしては出稽古に回っていたのです。大学に入学するころは、多くの先輩や同期たちと同じように、地元に帰って教員になることも考えていました。ただ、稽古の環境があまりにもすばらしく、仕事の充実感もあって、東京に残る決断をすることになったというわけです。

東京に残ったのはもう一つ、剣道家としていちどは全日本選手権の大舞台に立ちたいという思いもありました。どうせなら警視庁や皇宮警察のトップ選手がひしめく激戦区、東京予選で自分の力を試したい、と。望みがかなったのは三十歳になってからのことです。

三十代になると、女子部の監督をおおせつかったこともあり、なかなか自分の稽古が進まなくなってきました。大きな悩みをかかえているときに出会ったのが滝口正義先生です。滝口先生は私に、直心影流の型《かた》である「法定《ほうじょう》」を教えてくださいました。「法定」によって呼吸など新たな世界を学ぶことができ、それが私の剣道修業にとって大きな転機となりました。

指導者という立場になってからも、こうしてさまざまな先生方と出会い、経験を積みながら学んできました。その一つひとつが私にとってかけがえのない財産となっています。

＊　＊

国士舘では現在も、伝統を守りつつ、正しい剣道を実践することを最大の目標としています。もちろん学生たちには試合に勝ってほしい、全日本学生大会で優勝してもらいたいというのが正直な気持ちです。ただし、国士舘の学生たちの多くは、将来、剣道指導者を目指しています。ただ勝てばよいというのではなく、正しい剣道をして勝ってほしい。そのための稽古はやはり、基礎、基本に尽きます。

国士舘では、基本を行うときどこに重きをおけばよいのか、そこを各自が突きつめて考えるよう学生たちに求めています。切り返しはこれでよいのか、自分の打ち込みは正しいのか。一つひとつの動作の良し悪しがわからないと、上達に大きな差が出てきます。あくまで質の高さを追求する姿勢が大事なのです。さらにいえば、指導者の資質は基本をいかに教えるかという点にかかってきます。教え子たちに「切り返しはなぜこうでなければならないか」「その面打ちはどこが間違っているのか」といったことを、納得がいくように説明できなければ指導者は務まりません。

最終的には学生たちにも、年齢を重ねるごとに上達してゆく剣道、将来につながる剣道を実践してほしいと願っています。はっきり申し上げれば、若いときから八段を目指すレベルの質の高さを念頭に稽古に励んでほしいのです。

そのために心がけるべきキーワードとして、私は次のことばを掲げています。

大きく、正しく、烈しく、強く。

＊　＊

この本は主に剣道上級者を対象としてまとめました。ただし、ここまで述べてきたように、剣道はどこまでいっても基本がもっとも重要です。その意味では、初心者の方にも十分ご参考になるのではないでしょうか。

逆に、七段、八段を目指して稽古をされている方々にも、本書に沿う形で、ご自身の剣道をもういちどチェックしていただければ幸いです。私もまた、さらなる向上心をもって「生涯剣道」をつらぬきたいと思っています。

「学生たちには正しい剣道で勝ってほしい」と説く著者

第一章

大きく
すべては基本で決まる

剣道の修錬は基本を繰り返し、それを積み重ねることである。

基本には精神的な基本、技術的な基本の二種類ある。

精神的な基本とは「気の充実」「旺盛な気力」「合気」など目には見えないものであり、
技術的な基本とは「素振り」「切り返し」「打ち込み」などの稽古法である。

基本を繰り返し、積み重ねていった延長線上に対人技能がある。

【総論】

国士舘の剣道とは、指導者になるための剣道でもあります。

では、指導者になるためにはどのような剣道を目指すかというと、やはり「正しい剣道」ということに尽きるのではないかと思います。昭和五十年に全日本剣道連盟が制定した剣道理念には「剣道は剣の理法の修錬による人間形成の道である」とあります。剣の理法というものをまず学んで、正しい剣道の理解に努め、正しさを土台にして、強さや烈しさといったものを求めていかなければと考えています。

剣道の基本というとその要素はさまざまあるかと思いますが、その中でも、私の指導方針としては「精神的な基本」を重視しています。精神的な基本とは、たとえば「気の充実」や「旺

盛な気力」、あるいは「合気」というものです。それらが基本として備わった上に、技術はついてくるものだと考えています。

　技術面においては「素振り」と「切り返し」「打ち込み」を、重点的に指導しております。中でも切り返しは剣道を修業する上で大切な基本稽古です。切り返しには、剣道のすべてに通じるような多くの要素が含まれておりますが、特に私が意識していることは、「太刀筋」と「呼吸法」についてです。この二つが体得できれば、剣道がそれまでと大きく変わってきます。細かい部分の変化ではなく、剣の総合的な力、いわゆる「地力」がついてきます。この地力をつけることが、国士舘における剣道指導のひとつの目的でもあります。

　現在、国士舘では朝と夕方に、計二時間半程度の稽古を行っています。特に朝稽古は戦前の国士舘専門学校時代からの伝統であり、国士舘の稽古を語る上で外すことはできません。私が監督を務めるようになってからは、朝はすべて基本稽古の時間に充て、地力の強化を図るようにしています。

　なお基本については、全日本剣道連盟の『剣道指導要領』がたいへんよくまとまっています。ここからはその指導要領に準拠しつつ、国士舘の基本について具体的に述べていくことにします。

【身構えと気構え】

構えには、形にあらわれる身構えと、形にはあらわれない気構えがあります。身構えと気構えが表裏一体となり、構えを充実させることが大切です。

構えは修錬の段階に応じて変わっていくものです。しかし、変わってはいくものの、常に正しい形を意識することが重要です。どの段階にあっても自分が正しい形ができているのかに気を配るのです。日本の芸事が型から入るのと同じです。剣術はすべて型稽古です。真剣勝負から始まり、型稽古が導入され、その後、竹刀・防具が開発され、現代剣道の原型である竹刀稽古が始まりました。

正しい姿勢、正しい構えから正しい打突が生まれます。構えは、「いつでも打てる」という気の充実がなければなりません。打突の好機と感じたときには間髪入れずに技を出せる構えです。

本番では、相手を打つか、打たれるかのギリギリの間合まで入ることが重要です。それも自分勝手に入っていくのではなく、触刃《しょくじん》の間合から交刃《こうじん》の間合に入り、さらに間合を詰めることで相手を動かすことが求められます。

ギリギリの間合は生死の間合ともいわれていますが、そこまで構えを崩さずに詰めないと相手は動かないことを実感しています。剣道の醍醐味はそこにあるのですが、実際には「打たれたくない」「打ちたい」という気持ちが動いてしまい、そこまで詰めることができず、構えが崩れた状態から中途半端な技が出てしまうこともあります。

普段の稽古から正しい姿勢、正しい構えを意識することが大切です。剣道は、自分が理想とする構えから何事も始まるということを知ってほしいと思います。

正しい姿勢、正しい構えを身につけるには、素振り、打ち込み、切り返しなどの基本稽古を積み重ね

安藤翔選手（平成25年卒）の構え

國友錬太朗選手（平成25年卒）の構え

ることです。先人は「打ち込み三年」と教えています。国士舘で「素振り」と「切り返し」「打ち込み」を重点的に指導しているのは、構え（本体）をつくるためでもあります。基本稽古を繰り返すことで正確な打突動作を覚えることができますが、その土台となるのが構えです。

　私の恩師でもある国士舘大学初代剣道部長の大野操一郎先生は「気は大納言、技は足軽のように」と構えの要諦を教えました。大納言の気位で構え、技は足軽武士のように軽やかに遣いなさいということです。

土谷有輝選手(平成26年卒)の構え

宮本敬太選手(平成30年卒)の構え

構えの修得は、構えのための構えであってはならず、対人技能に発展する構えでなければなりません。構えは静的なイメージでとらえがちですが、相手と対峙するなかで攻めて崩して打つという有効打突につながるものであることを知っておきましょう。

【正しい竹刀の握り方】

剣道は「攻めて崩して隙をとらえる」ということを大事にし、相手を攻めるには左手が重要になると考えています。「左手が動いたら負けと思え」と教えていますが、左手が納まると左腰、左足も定まります。

竹刀の握り方は左右均等の力で支えることが基本であり、右手中心で竹刀を操作することを覚えてしまうと、正しい竹刀操作ができなくなります。

竹刀の握り方については、左手の小指は柄頭いっぱいに握り、小指・薬指・中指の順に締めながら鶏卵を握る心持ちで納めます。親指と人差し指は軽く添える程度です。

右手も鍔元を左手と同じ要領で握り、竹刀を上から握ることが鉄則です。しかし、竹刀の握りは細いので、この鉄則から外れても、自己流で握ることはできますが、基本の根本がくずれてしまいます。

まずは正しく竹刀を握ることが前提です。正しい握りができていないと正しい素振り、正しい打ち込みはできません。

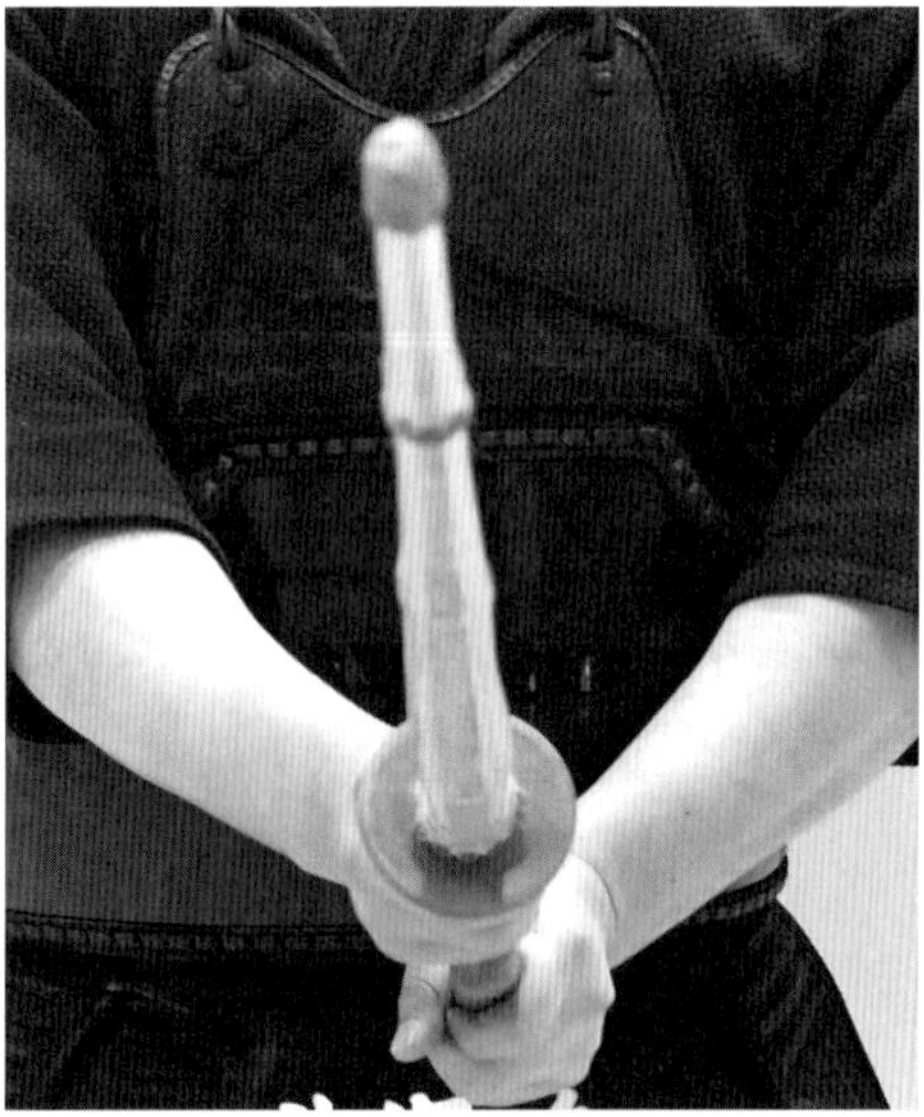

小指から薬指、中指と軽く握る。正しい素振りは竹刀を正しく持つことから

剣先を生かすためにも、左手を中心にした竹刀操作が重要

甲手《こて》をつけていないときにはおそらく正しい握りができていると思います。

ところが甲手をつけ、相手と対峙すると、自分が打ちやすい握りになってしまいがちです。これでは打ち切った一本は出せませんので、素振りなどで身につけた手の内を、甲手をつけたときにも同じように使えなくてはなりません。

左手中心で竹刀操作を行うことで、右半身の余分な力が抜け、剣先が効き、円滑な打突動作に移行することができます。

右の手首を絞り込んではいけない

左手の小指は柄頭いっぱいに握り、親指と人差し指は軽く添える程度

甲手をつけているときにも正しい握りができていることが大切

試合でも稽古でも変わらない土谷有輝選手の堂々たる構え

【手の内をつくる】

手の内の作用は、有効打突の要素のうちの一つです。会心の一本というのは有効打突の基準を満たした技であり、だれもが納得する感動を与える一本だと考えています。このような一本は打突部位を捉えたとき、「ポン」と乾いた音がするものです。それが手の内の作用です。そのような打ちは、竹刀を握ったときに余分な力が入っているとできません。

「手の内がよい」といわれている人は、打突の際、

「手の内がよい」人は、打突の際、無意識のうちに竹刀を締める・緩めるという動作を短い間隔で行える

無意識のうちに竹刀を締める・緩めるという動作を短い間隔でできます。このような「手の内」を身につけることを意識して、素振りや打ち込み、切り返しを行ってほしいものです。

私の出身高校である小牛田農林高校では水平斬りという稽古法があります。

通常、切り返しの左右面は約四十五度で行いますが、その左右面を床と水平になるような気持ちで行うのが水平斬りです。小牛田農林で長く指導された乳井義博先生が考案された稽古法ですが、左右面を水平まで行うことで、手の内の柔軟性の修得をめざしました。

一本になる冴えを修得する

冴えも有効打突の要素のうちの一つです。有効打突には強度が必要ですが、力任せに打った一本ではなかなか評価されません。速く打とうと思うと上半身に力が入り、打突時、姿勢が崩れやすくなります。そのような打ち方は打突部位をとらえたとしても見栄えがしません。左手を中心とした構えが崩れると、打突時、姿勢が崩れます。

左足、左腰、左手の左半身を意識した構えをつくることで、打突に冴えが生まれます。特に打突時、左足をすばやく引きつ

けて腰を入れないと、左足が残り、右斜めに身体が流れてしまいます。

私は一足一刀の間合から面を打ち、元立ちの横を踏み込み足で抜けなくても一本にできる打ち方を覚えることが、冴えのある打ちの修得につながると考えています。

要点は左手の運用です。面を打ったときの左手の位置は相手の喉付近の高さになっていますが、打った瞬間にしっかりと手の内を締めることで、面を打った反動で竹刀が大きく跳ね上がることがなくなります。

面を打ったとき、大きく竹刀が跳ね上がるのは左手の遣い方に問題があると考えられます。打った瞬間、左手を締め、冴えのある打ちを身につけるようにします。

冴えを生むポイントは左足、左腰、そして左手の運用にある。特に打突時における左手の緩急は重要。さらに、打突後の左足の引きつけが十分でないと、身体が流れて有効な打突にならない

【足さばきと体の運用】

足さばきは相手を攻め込んで打突したり、相手の打突をかわしながら打突するためのものです。体さばきは大きく分けて「相手との間合を調整するため」「相手を打突するため」「相手の打突をかわしながら打突するため」に行います。「一眼二足三胆四力」という教えに示されるように、剣道では足さばきが非常に重視されています。

足さばきには「歩み足」「送り足」「開き足」「継ぎ足」の四種類があります。

「歩み足」は前後に遠く早く移動する場合に使う足さばきです。平常の歩行と同じように右足・左足を交互に出したり退いたりします。上体や竹刀を動かさずに体勢を安定させながら移動します。

「送り足」は前後・左右・斜めにすばやく移動する場合や、一足一刀の間合から打突するときに使う足

さばきであり、剣道でもっとも多く用いられます。移動しようとする方向に近い足を踏み出し、のちに続く足をすばやく送り込むようにして引きつけます。

「開き足」は身体をかわしながら相手を打突したり防いだりする場合の足さばきです。右に開く場合は右足を斜め前（後）に開いて左足を右足に引きつけます。左に開く場合は左足を斜め前（後）に開いて右足を左足に引きつけます。

「継ぎ足」は一足一刀の間合よりやや遠い間合から打突をするときに用いられる足さばきです。左足（後足）が右足（前足）を越えないように引きつけ、ただちに大きく右足から踏み出します。

以上、剣道の足さばきには、四種がありますが、もっとも大切なのが送り足です。この足さばきを身につけるために大野操一郎先生は八挙動の足さばきを推奨し、われわれに稽古させました。国士舘は指導者養成の専門大学であり、指導者となったとき正しい動作を自分自身で示範できなければなりません。

（36ページに続く）

体幹を感じながらしっかり動く

前進後退

左右

3

4

7

8

足さばきで特に重要な点は左足の運用にある。先行する右足を追うという形ではなく、常に左足を軸と意識して体を運用することが大切。その結果、冴えのある一打を繰り出すことが可能になる

3

4

7

8

左右の動きに関しては、右足と左足の相互の動きが重要になる。特に近い間合の中で、左右に体をさばいて打突する際に重要。大きく動くことがない代わりに小さく確実な動作が要求される

前進の送り足は現象面では右足が動いたのちに左足を引きつけていますが、左足を軸足として右足を押し出すようにしないと正しい重心移動を覚えることができません。

体幹を感じながら正確に動くことが大切です。この動作を「イチ、ニ、サン」の号令のもと八挙動で繰り返しました。

足さばきの稽古は前後の動きを繰り返して行う方法もありますが、大野先生があえて八挙動にしたのには理由があります。八挙動をすべて正しい動作で行うには足に相当な負荷がかかるからです。

前後の動きはまだしも左右のさばき、斜めのさばきとなると相当な負荷がかかります。この動作を正確にできるようになるまでには、ある程度修錬を積み重ねなければなりません。

左右の足がバランスよく、体幹を中心に運用できるのが最終目標になる

足の運用についての詳細

●歩み足(1)

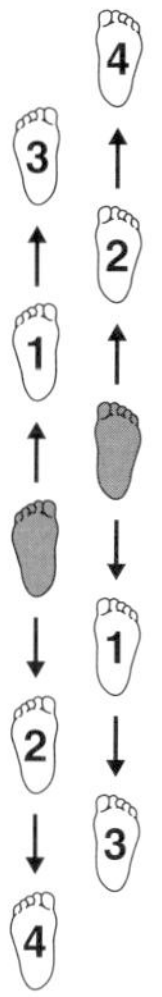

●歩み足(2)

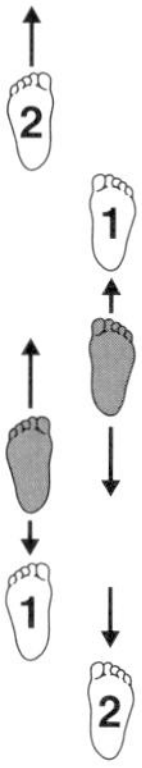

歩み足は前後に遠い距離を移動する場合、遠い間合から打突する際の足さばき。通常の歩行のように右足、左足を交互に前進、または後退する

●送り足(1)前後

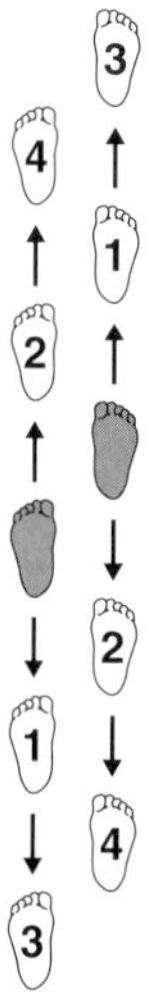

●送り足(2)左右

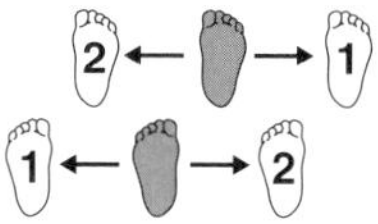

送り足はあらゆる方向に一、二歩の近い距離をすばやく移動する場合や、一足一刀の間合から打突する場合の足さばきであり、もっとも多く用いられる大切な足さばき。移動する方向の足を踏み出し、他の足をただちに送り込むようにして引きつける足のさばき方。その方向も前後・左右・斜め前後などがあり、多くの技との関連性がある

●送り足(3)斜め

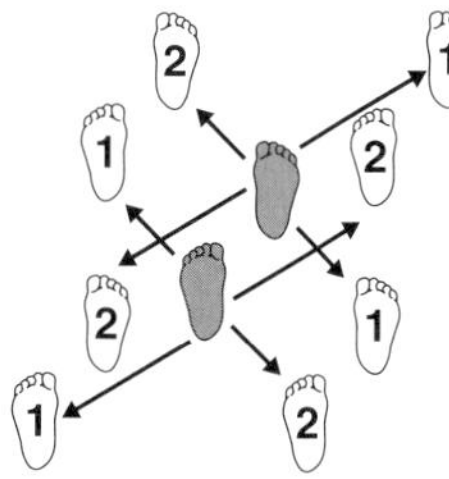

●開き足

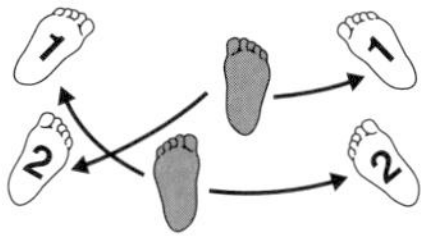

開き足は身体をかわしながら相手を打突したり防いだりする際の足さばき。近い間合から打突を行う場合に使われることが多い

●継ぎ足

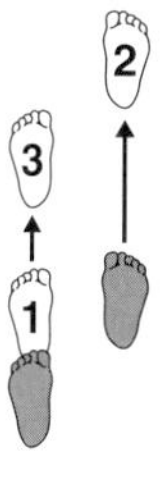

継ぎ足はおもに遠い間合から打突をする際に使われる足さばき。後足が前足を越えないように引きつけ、ただちに右足から大きく踏み出す。その際、最初から最後までひと息で行う

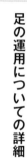

姿勢を正しく運用する

右斜め前後

左斜め前後

右斜め前に進む場合には表からの攻めを行うケースが多くなる。剣先を外さず、相手に正対しながら右斜め前に身体を運用することは攻めにも通じる重要な動きになるので、その点をイメージするとよい

左斜め前の場合には相手の裏から攻めることが多い。逆に左斜め後ろに下がる場合には、往々にして鍔ぜり合いから離れる際に用いるケースもあるが、その場合も身体を崩さずに姿勢を正しく運用することが重要

【握りを意識した正面の素振り】

正確な素振りが最終的には捨て切った打突につながることをイメージする

素振りは相手が目の前にいることを想定して真剣に振ることが大切ですが、まずは正しく竹刀を握ることが前提です。正しい握りができていないと正しい素振りはできません。

大事なところなので繰り返しますが、竹刀の握り方は、左手の小指は柄頭いっぱいに握り、小指・薬指・中指の順に締めながら鶏卵を握る気持ちで掌中に竹刀を納めます。親指と人差し指は軽く握る程度です。右手は鍔元を左手と同じ要領で添える感じで握ります。

問題は甲手をつけ、相手と対峙すると、自分が打ちやすい握りになっ

てしまいがちだということです。甲手をつけたときの握りに気をつけましょう。
その点を考えて、国士舘では稽古の最後に防具をつけた状態で正面素振り、左右面素振り、早素振りを行っています。
防具をつけたときにも左手が正中線を通って竹刀を振り上げ、振り下ろせることが大切です。正面素振りは、正しい構えから竹刀を振り上げ、振り下ろし、同時に左足で蹴って右足を出すと同時に左足を引きつけますが、正確に行うと全身にかなりの負荷がかかります。数を重ねるとどうしても自分の振りやすい方法（我流）で行ってしまいがちなので、正確な素振りが本番での捨て切った一本につながることを肝に銘じて行うことが重要です。
素振りは道場に上がらなくても空き時間を使って行うことができるので、地道に取り組むことです。

大きく振りかぶり
まっすぐ刃筋に従って振る

1

2

5

素振りのポイントは、振りかぶったとき（写真③）に左手の指をしっかり締めるところにある。また、写真④〜⑤で竹刀を振り下ろし、剣先が下がってくるときの緩急が手の内をつくる稽古になる

【正しい刃筋で打つ左右面の素振り】

左右面の素振りは、中段の構えから正面素振りと同じ要領で竹刀を振り上げ、頭上で竹刀を返して斜め四十五度くらいの角度で相手の左面、もしくは右面を打つものです。

左右面の素振りは、手を返して正しい刃筋で打つようにします。左拳が正中線から外れると正しい刃筋で打つことができなくなりますので、常に左拳は正中線に納めるようにします。

右手を主にして振り上げると、その反動で右手中心の打ちになって体勢が崩れ、結果的には刃筋の通らない打ちになってしまいます。

両手の力配分は左右均等になるのですが、左手を意識して操作することで、肩の力が抜けた素振りができるようになります。

前進後退の送り足や開き足を伴いながら行う場合は、振り上げと振り下ろしが同じ軌道を通ることと、竹刀と足さばきが協調するように振り、刃筋を正すことを意識します。

気剣体が一致した素振りをするには後ろに続く足をすばやくかつ鋭く引きつけることが大切です。前進する際は左足、後退する際は右足の引きつけです。このとき竹刀（木刀）の物打ちに力が集中するように、手の内をしっかり極《き》めるようにします。

素振りをする際は、発声も大切です。呼気とともにしっかりと声をかけ、気力を充実させることで、緊張感のある素振りになります。

基本の中でも左右面の素振りは、刃筋を意識しなければその後の一本の打突につながらない

切り返しにも通じる
左右の刃筋を意識する

振り下ろす際（写真③）には刃筋を意識することが重要。また、振りかぶったとき（写真⑦）には右から左に切り返すことになるが、左拳は決して中心をはずさないように行う。写真⑧でもわかるように一本一本しっかり左足を引きつける

【腰始動で行う正しい面打ち】

「剣道は面に始まり、面に終わる」といわれているくらい面は根幹をなす技です。実戦における面技は、相手を攻めて崩して打つ方法と、相手を攻めて引き出して打つ方法があり、いずれも気持ちを充実させて相手を攻め、先を取って打突の機会をつくり出すことが重要です。

その実戦につながるための土台が空間打突での正しい面打ちです。実戦では、速く打とうと思うと上半身に力が入り、打突時、姿勢が崩れやすくなります。そのような打ち方は打突部位をとらえたとしても見栄えがしません。打突は、左足、左腰、左手の左半身を意識した構えをつくることで、勢いが生まれます。特に打突時、左足をすばやく引きつけて腰を入れないと、左足が残り、右斜めに身体が流れてしまいます。

まずは空間打突の面打ちで正しい動作を身につけることが大切です。空間打突の面打ちは送り足で行います。左足の力で腰から動くようにして、竹刀を振り上げ、振り下ろします。人差し指と親指に力が入りすぎると剣先が立ってしまい効果的な打突に結びつかなくなります。特に右手を中心にして竹刀を振ると、体勢が崩れて太刀筋が乱れ、正しい刃筋の打突ができなくなるので注意します。

実戦では踏み込み足を用いて打突しますが、踏み込み足は送り足の応用です。現象面では右足を踏み込む場合、先に右足が動いていますが、右足を動かしている背景には左足の堅固な支えがあります。左足の力で鋭く踏み切るから、右足を大きく踏み込むことができます。この土台をつくるのが、送り足による空間打突です。面、小手、胴、突き、さらに小手・面の二段打ち、小手・面・胴の三段打ちも正しい動作でできるようにします。

令和元年の全日本選手権決勝。國友錬太朗選手が茨城県代表松崎賢士郎選手の面を攻める

【身体全体で打つ正しい小手打ち】

小手の空間打突は、両肘の間から相手の右小手が見える程度に竹刀を振り上げ、振り下ろしながら右小手を打ちます。

小手は自分から見て、面・小手・胴・突きの四つの打突部位のなかでもっとも近くにあります。手を伸ばせば当たる距離ですが、そのような打ち方では有効打突の条件を満たした内容にはなりません。面打ちと同様に腰始動で、身体全体で打つようにします。

相手の小手を見ながら打つと目線が下がり、姿勢が崩れます。小手を打つときも目付は相手の顔です。正しい姿勢で打つように心がけます。

國友錬太朗選手が令和元年の全日本選手権で優勝を決めた小手

一挙動、三挙動、それぞれの素振りで確認する

1

2

5

6

3

4

7

8

空間打突で正しい動作を確認するには、竹刀の振り上げ、振り下ろし、構えに戻る三挙動で行う方法が最適。小手の場合も頭上まで振りかぶり、振り下ろす際に剣先は小手の下で止めるように行い確認する。写真⑤のように日本剣道形と同様に切り下ろすことが重要

【手を返して刃筋正しく胴を打つ】

胴は右胴と左胴（逆胴）がありますが、基本は右胴です。中段の構えから竹刀を振り上げ、頭上で手を返して相手の右胴を打ちます。特に意識したいのは竹刀の刃筋です。打突部位は竹刀の弦の反対側であり、斜め下に打ち込んだとき、必ず刃筋が通った打ちになるようにします。刃筋が通っていない打ちを「平打ち」といいますが、平打ちにならないように頭上でしっかりと手を返して打ちます。上半身の余分な力を抜いて打つと円滑な動作になります。

打つときに腰が引けると姿勢が崩れます。左拳を中心から外さずに、手の内をしっかりと極めて打ちます。

竹刀を振り上げてから打突の瞬間まで、常に左の拳は正中線にあるように打つ

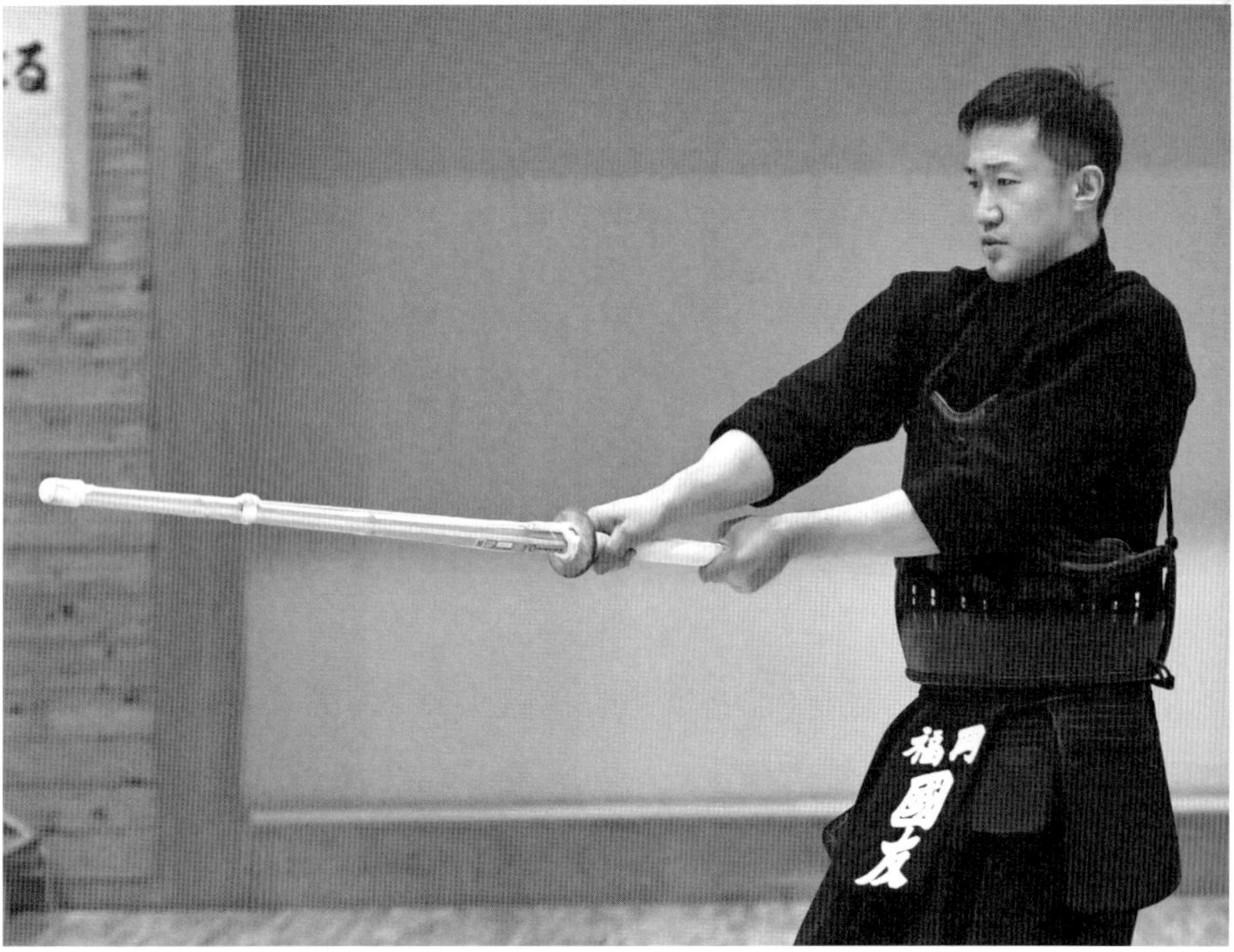

振りかぶってから刃筋を十分に意識して胴を打つ

1

2

5

6

胴の空間打突の場合も、刃筋の通らない平打ちにならないように十分に注意。写真③〜⑤の動作が非常に大切となる。手を返すときに左手を生かし、左手が竹刀の運用を十分行うような素振りを目指す

【正しい姿勢を維持して突く】

突きは、右足を出しながら両手の手の内を内側に絞り込み、両肘を伸ばしながら突きます。突きは四つの打突部位のなかでもっとも的が小さいものです。相手と正対して足腰を前に出して突くようにし、腕だけを伸ばして突かないようにします。腕だけを伸ばして突くと体勢が崩れ、正しく突くことができません。正しい姿勢を維持し、左拳が正中線から外れないようにします。

突きは一点の部位を瞬間的に突くので、正しく突けば、その反作用として剣先は自然に中段の位置に戻ります。空間打突で正しい軌道を覚えるようにします。

平成30年の全日本選手権。安藤翔選手が勝見洋介選手を突きで攻める

相手を想定し、腰始動で突く

突きは正対した相手に対して真っすぐに腕を伸ばして突く。面や小手、胴と同様にしっかり手の内を絞り込み大きく足を踏み込んで身体全体で突く。突きで大切なポイントは、突いたあとに腕を伸ばしたままにせず、写真⑤～⑧のようにしっかり引いて、構えに復する（戻る）こと

【二段打ちは左足の引きつけが重要】

二段打ちの連続技は、初太刀で相手の気構え、姿勢を崩すことが大切。一本の打突に全力を注ぎ、技が決まるまで連続して打突をすること。
小手・面の二段打ちは、小手を打ったとき相手が剣先を開いて防ぐので、その隙にただちに面を打ち込む。送り足で行う空間打突では、姿勢を崩さないようにして正しい軌道を身体で覚えるようにする。
相手の右小手が見える程度に竹刀を振り上げて小手を打ち、すばやく左足を引きつけて姿勢を整え、ただちに面を打つ。
小手から面を打つときはなるべく身体を上下動させず、腰から水平に移動するように

【三段打ちは胴を打つときの姿勢に注意】

小手・面・胴の三段打ちは、小手を打ち、相手が退きながら手元を下げたり、剣先を開いて小手を防ぐところで面を打つ。この面を、さらに相手が手元を上げて防ぐので、こちらは胴に変化する。
技は決まるまで連続して打突することが大切であり、一本打ったあとで姿勢の崩れをすばやく修正することが、二の太刀、三の太刀につながる。
小手・面・胴の三段打ちは、面から胴に変化するときに姿勢を崩さないことが大切になる。胴は手を返して斜めにさばいて打たなければならず、このとき姿勢が崩れやすい。
空間打突では一本一本の打突が正確にできているかを確認し、なるべく姿勢を崩さないように行うことが大切初代剣道部長の大野操一郎先生は「小さく打つことに執着すると大成しない。大きな技を身につけさせれば、小さな技は自然に打つことができる」と生前、強調されていました。私もその教えを受けてきた一人として、それが国士舘の剣道として大切なことだと考えています。

＊　＊

基本動作は、肩・肘・手首を連動させて竹刀を大きく振りかぶって行うことが大切です。特に加齢とともに肩関節が硬くなりますので、日頃から肩を使って大きく、滑らかに竹刀を操作することを意識します。

また、竹刀は刀の代用品です。常に刃筋正しい打突を意識して、物打ちに力が集約する竹刀の振り方を覚えることが大切です。正しい竹刀の振り方を覚えるには素振りです。地道な努力を続けましょう。

第二章

正しく

技の理合とその実践

「剣道は剣の理法の修錬による人間形成の道である」と剣道の理念に示しているように、剣道は理法の修錬なしには成立しない。理法とは心法・身法・刀法。

稽古は充実した気勢、適正な姿勢をもって、正確な打突技術を探究することが重要。

正しい竹刀操作の修得を心がけ、常に刃筋や鎬を意識して全力で行うことが大切である。

【総　論】

剣道は、正しい打突を繰り返して打つことが大切です。では、正しい打突はなにかというと、有効打突の基準を満たした打突です。剣道試合・審判規則では、有効打突とは「充実した気勢、適正な姿勢をもって、竹刀の打突部で打突部位を刃筋正しく打突し、残心あるものとする」と規定しています。一般的には「気剣体一致の打突」ともいわれていますが、この有

効打突の評価がもっとも重要であり、将来の剣道の方向性を左右するものと考えています。

理合に則った剣道を身につけるためには、有効打突の質的内容を正しく理解し、より高い質を求め、その向上を図っていく必要があります。有効打突を成立させるためには、まず対人的な攻防を合理的に行うための、個人的技能である基本動作を修得することが大切になります。

全日本剣道連盟は平成十五年に「木刀による剣道基本技稽古法」を作成しました。基本的な目的として次の三点を掲げています。

一、竹刀は日本刀であるという観念を理解させ、日本刀に関する知識を養う。

二、木刀の操作によって、剣道の基本技を修得させ、応用技への発展を可能にする。

三、この稽古法の修得によって、日本剣道形への移行を容易にする。

国士舘剣道部でも、この「木刀による剣道基本技稽古法」の要素を取り入れた稽古を行っています。日本の芸道文化は型文化であり、型の修得に時間をかけます。剣道の稽古も同様であり、正しい動作の修得が必要不可欠です。稽古では、理合に則った動作ができているかどうかを確認し、地道に稽古を重ねていくことが大切です。

【一本打ちの要諦──面】

面は、すべての技の基本となる技術です。国士舘の稽古でも特に時間をかけて行っています。正しい刃筋を意識し、左拳と剣先が自分の正中線を通るようにします。

実戦では、ただ技を出しても、相手を打つことはできません。乗る、擦り込む、押さえる、触れる、払うなどして相手の剣先を殺して打ちを出すようにします。攻め方としては突きを出すようにして面を打つ。小手を打つようにしながら面を打つ。裏を意識させて面を打つなどの方法があります。

基本の面打ちは、両腕の間から相手の面が見える程度の位置まで竹刀を頭上まで振り上げ、右足（前足）から送り足で打ちます。

一、遠い間合で中段に構える。
二、中段の構えのまま、一足一刀の間合に入る。
三、相手の正面が見えるまで十分に竹刀をふりかぶる。
四、右足を出しながら、左足で体を前に押し出す。
五、両腕を十分に伸ばし、左足を引きつけて正面を打つ。

面打ちは以上のような方法で行います。はじめはすり足で大きくゆっくりと行って正しい動作を確認し、次第に速く、踏み込んで打つようにします。

踏み込み足を用いて行うときは、上体をまっすぐにしたまま下腹部に力を入れ、踏み切ると同時に腰を水平に移動させ、正しい姿勢を保ちながら打ちます。

面打ちの基本は一足一刀の間合から大きく打つ

1

2

4

3

平成28年の関東学生剣道選手権で矢野貴之選手(令和元年卒)が放った見事な面

5

基本の面打ちは、両腕の間から相手の面が見える程度の位置まで竹刀を頭上に振り上げ、右足(前足)から送り足で打つ。はじめはすり足で大きくゆっくりと行って正しい動作を確認し、次第に速く、踏み込んで打つ

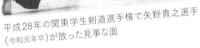

【一本打ちの要諦――小手】

小手は四つの打突部位のうちもっとも自分から近い打突部位ですが、小手先で打つのではなく、全身で鋭く打つことが大切です。打突後は、すばやく相手と正対し、踏み込むと同時に左足を前足に引きつけ、体勢を整えます。打ったあとに左足が残ると、相手が打ちやすい間合で止まってしまい、体勢が整わずに次の対応ができなくなります。

打ったあとに上半身の力を抜くことで、すばやく左足を引きつけることができ、相手の手許に付け入ることができます。

実戦では相手の竹刀を避けるような打ち方や体勢にならないように注意します。小手を打てる隙は相手の剣先が上がろうとしたところであり、原則として小手は相手の竹刀を上から越して打ちます。

小手はこちらの面と突きに威力があればあるほど効果的な技です。面や突きを警戒すると、これを防ごうとして手元が上がります。表を意識させるような攻めを施すことも効果的です。相手の剣先を上げさせる工夫が大切になります。面、突き、小手を同じ攻め口で行えるようにします。

基本の小手打ちは、両肘の間から相手の右小手が見える程度の位置まで竹刀を振り上げ、右足から送り足で打ちます。

小手打ちの方法は面打ちと同様であり、すり足でゆっくりと正確に行い、その後、すばやく、踏み込んで打ちます。

一足一刀の間合から踏み込んで打つとき、面と小手では間合が違います。また、小手は四つの打突部位でも移動性が高く、相手の小手を注視してしまいがちですが、小手のみを注視すると姿勢の崩れにもつながります。遠山の目付の教えの通り、相手の全体を見るようにします。

正しい小手打ちは、身体全体で鋭く打ち切ること

1

2

4

基本の小手打ちは、両肘の間から相手の右小手が見える程度の位置まで竹刀を振り上げ、右足から送り足で打つ。小手はこちらの面と突きに威力があればあるほど効果的な技になる。面や突きを警戒すると、これを防ごうとして手元が上がり、そこに隙が生まれる

3

5

【一本打ちの要諦──胴】

胴は相手の手元が上がった隙に打つ技であり、数多く出せる技ではありません。相手から反撃される危険性がある技であり、続けて出すような技でもありません。

実戦で胴が決まるときは、一本にできる確信がある場合、あるいは相手の癖を見抜いて躊躇することなく捨て身で打てたときなどです。特に仕掛けて胴

を打つときは、相手の裏をかき、迷わず一気に踏み込むことが大切です。打突する際、腰が引けたり、前のめりになったりするような姿勢では不十分な打ちになります。刃筋と腰を伸ばす意識を忘れずに打つことが大切になります。

基本の胴打ちは、竹刀を大きく振り上げ、頭上で手を返し、右足から踏み込んで相手の右胴を打ちます。振り上げから胴打ちまでの動作が途切れることなく、一連の動作で打つことが大切です。手をしっかり返して、刃筋が通った打ちを出します。

胴を打つときは、相手の胴を注視せず、全体を見ることです。また、肩関節、肘関節を柔らかく使いながら手を十分に返して打つようにします。左右の肘を十分に伸ばして打ち、右手だけで打ったり、斜め下からすくい上げるように打ったりしないように

します。

打つときは左拳を中心から外さずに下腹に納め、手の内をしっかり極めて打ちます。踏み込み足で打つとき、打ったあとは相手の左側に抜ける場合と右側に抜ける場合がありますが、原則は相手の左側に抜けるようにします。抜ける場合は、自分の肩と相手の肩がすれ違う程度の方向に足をさばきます。

胴打ちは手を返して刃筋を通して打つ

1

2

5

胴を打つときは相手の胴を注視せず、全体を見る。肩関節、肘関節を柔らかく使いながら手を十分に返して打つようにする。左右の肘を十分に伸ばして打ち、右手だけで打ったり、斜め下からすくい上げるように打ったりしない

3

4

6

【一本打ちの要諦――突き】

突きは諸手突きと片手突きがあります。突き技の効果は非常に大きく、「油断すると突きがくる」と相手に思わせると、精神的な脅威となり、攻撃の幅が広がります。

突きは打突部位がもっとも小さく、有効になる確率は他の技に比べて低く、失敗すると相手から反撃される危険性が高い技でもあります。

特に突きが有効なのは、剣先が中心から外れている

相手や下がる相手です。また、攻めると剣先を下げる癖がある相手にも効きます。突きを出すときは身体全体で突くようにして、突いたあとは引いて構えを戻して残心を示すようにします。

基本の突きは、右足を送りながら両手の手の内を内側に絞り込み、両肘を伸ばして突きます。相手に正対して足腰を前に出して突くようにし、腰を退いたり腕だけを伸ばしたりしないよう注意します。

突いたときは左拳が上がったり、正中線から外れたりしないようにします。腰を退いたり、腕だけを伸ばして突くと、姿勢が前傾して正しく突くことができません。

なお突きを受けるときは、相手の仕掛けてくる方向、速さ、強さなどによって前進して受ける場合と、後退して受ける場合があります。

突きは身体全体を使って突く

3

6

5

突きは、右足を送りながら両手の手の内を内側に絞り込み、両肘を伸ばして行う。相手に正対して足腰を前に出して突くようにし、腰を退いたり腕だけを伸ばしたりして突かないこと

【連続技の要諦——小手・面】

連続技は、最初の打突が受け止められたり、不十分であったりした際に連続して打突する技です。ここで重要なのは初太刀も、二の太刀、さらに三の太刀も、一本にする覚悟で打突することです。二本目で決めることを想定して、初太刀を中途半端に打たないようにします。

たとえ失敗しても初太刀の技で相手の構え、姿勢を崩すような勢いが大切で、相手が崩れるからおのずと二の太刀が決まりやすくなるのです。

小手・面の連続技は中段の構えから攻め合い、相手の隙を見て小手を打ち、相手が剣先を下げたり、開いたりした瞬間に小手を打ち込んだ勢いを利用して正面を打つものです。

小手を打つとき、相手の小手に目が移りやすいので、目付は相手の顔付近におき、目線が下がらないようにします。小手打ちのあとは、剣先を相手の正中線から離さないようにします。

小手を打ったあとは左足が残りやすいので、すばやく足を引きつけて次の打突への体勢をつくるようにします。

小手、面ともに一本にする覚悟で打ち切る

1

2

5

3

4

6

7

8

小手・面の連続技は中段の構えから攻め合い、相手の隙を見て小手を打ち、相手が剣先を下げたり、開いたりした瞬間に小手を打ち込んだ勢いを利用して正面を打つ。たとえ失敗しても初太刀の技で相手の構え、姿勢を崩すような勢いが大切で、相手が崩れるからおのずと二の太刀が決まりやすくなる

【連続技の要諦――突き・面】

突き・面の連続技は、攻め合いの中から相手が剣先を下げるか、あるいは開いたときに右足から踏み込んで諸手で突き、その勢いに押されて相手が下がるか、体を後ろにそらして防いだ際に、すかさず右足から踏み込んで正面を打つ技です。

突きからの連続技は、相手の剣先が中心から外れたところに繰り出すと効果的です。相手の特徴や癖を感じ取り、躊躇なく突くことが大切です。中途半端な突きは相手に打突の機会を与えることになります。

小手・面、突き・面などの連続技は、自分の仕掛けた技の成否と、相手の変化や機会を見極めて技を遣うことが大切になります。ただ単に調子で打突するのではなく、間合の違いによって足のさばき方や技の出し方に違いが出てきます。

たとえば小手を打ったとき、相手が剣先を開いて防げば面に隙が生まれるので小手・面が決まります。あるいは小手を打ったとき、ただちに相手が手元を上げて面を打ってくれれば、胴に隙が生まれます。

相手の変化に対応して即座に技を出せるようにすることが大切です。

相手の剣先が中心から外れたところに躊躇なく諸手で突く

1

2

4

5

突きからの連続技は、相手の剣先が中心から外れたところに繰り出すと効果的。相手の特徴や癖を感じ取り、躊躇なく突くことが大切であり、中途半端な突きは相手に打突の機会を与えることになる

3

6

【払い技の要諦──払い面】

払い技は相手の構えに打ち込む隙がない場合、相手の竹刀を表、または裏から払い上げ、構えを崩して打突する技です。相手の剣先の高さ、手元の強さ、剣先の柔らかさにより、払う強さ、払う場所、払う方向が異なります。

技を遣う場合には、一つの技に対して二つの直線を使うのではなく、一つの曲線で一つの技を遣うことが鉄則です。払う動作と打つ動作を一つにして一拍子で行い、構えを崩すと同時に打突する場合と、払ってから一瞬、間を見て打つ場合がありま す。払い面は表から払う場合と裏から払う場合の二種類あります。表から払って打つときは、攻め込んでこようとする相手の竹刀の表を左上に払い上げ、構えが崩れたところにすかさず正面を打ちます。また、裏から払って打つときは、攻め込んでこようとする相手の竹刀の裏を右に払い上げ、構えの崩れたところにすかさず正面を打ちます。

理念
修錬による
である

理念
修錬による
である

払う動作と打つ動作は一拍子で行う

1

2

5

6

相手の竹刀を払う場合、自分の竹刀を右側に開いてから払うというのではない。写真②のように、まず下からの攻めを行い半円を描くように払う。また、払い面の場合には相手の剣先の強さによって払う場所やタイミングを変えることも重要

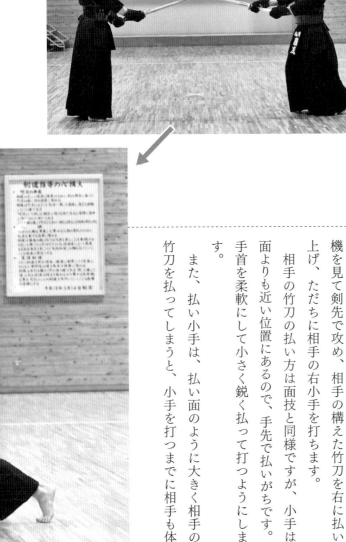

【払い技の要諦――払い小手】

払い小手は、相手の竹刀を右上に払い上げ、すかさず小手を打つ技です。中段の構えから攻め合い、機を見て剣先で攻め、相手の構えた竹刀を右に払い上げ、ただちに相手の右小手を打ちます。

相手の竹刀の払い方は面技と同様ですが、小手は面よりも近い位置にあるので、手先で払いがちです。手首を柔軟にして小さく鋭く払って打つようにします。

また、払い小手は、払い面のように大きく相手の竹刀を払ってしまうと、小手を打つまでに相手も体勢を立て直してしまいます。よって、払い小手は、払い面よりも小さく鋭く払いながら右足を鋭く踏み込んで打つ必要があるのです。

相手の竹刀を横から払うと、剣先が横に外れて構えは崩れますが、自分の剣先も同じように横に外れてしまいます。これでは打突に結びつく有利な状況に持ち込めません。打突に直結する有利な状況を作り出すような払い方をすることが大切です。

手首を柔軟にして小さく鋭く払い上げる

3

4

7

8

払い小手は相手の竹刀を右上に払い上げ、すかさず小手を打つ技で、手首を柔軟にして小さく鋭く払って打つ。相手の竹刀を払う際は相手の手元に近いところを払うようにする。竹刀の中結から手元を目指して払い、相手を崩して小手を打つ

【引き技の要諦――面・体当たり・引き胴】

引き技は、体当たりや鍔ぜり合い、または、これに近い間合から隙を作って、後ろに下がりながら打つ技です。

相手の手元を崩して技を出すことが重要で、こちらが手元を下げて、その反動で相手が手元を上げるところや、逆に手元を上げて、相手が下げるところ、手元を押して、押し返すところなど、相手の反発する力を利用したり、居つかせることが必要です。そこで瞬間的に相手との間を切り、打ち込むことが大切です。

「木刀による剣道基本技稽古法」では面打ちから鍔ぜり合いの状態となり、そこから鍔元を押し下げ、相手の手元が上がった機会を逃さずに胴を打ちます。

この理合に則り、引き胴は、鍔ぜり合いの状態から相手を崩して機会をつくり、後方に引きながら右胴を打ちます。

代表的な崩し方は鍔ぜり合いから相手に手元を上げさせて打つ方法です。

胴を打つときは上体が前かがみにならないようにします。また平打ちにならないように、手を十分に返して打つようにします。

打突後は、打突の勢いを利用して下がりますが、相手に正対して下がることが重要です。

特に胴打ちは、失敗したときに相手に反撃される危険性が高いので、後打ちにもすばやく対応できるように正対して下がることが大切です。

鍔ぜり合いから相手を崩して胴を打つ

4

3

8

7

体を後方にさばきながら胴を打つ場合、相手の体を崩し手元を十分に下げることが重要。体当たりで相手を崩した反発を利用して打つ

【引き技の要諦──面・体当たり・引き面】

引き面は鍔ぜり合いの状態から、相手の体勢を崩して、そのできた隙に送り足、または開き足で後方あるいは斜め後方に引きながら面を打ちます。

引き面は、相手の押し返す力を利用して、左足を大きく後ろに引きながら竹刀を振りかぶり、右足を引きつけて打つ方法や、相手が自分の竹刀を右側に押さえつけてきたとき、この押さえを瞬間的に外しながら竹刀を返して左斜め後ろに左足を大きく引き、右足を左足に引きつけて打つ方法があります。斜め後ろに足をさばいて打つので、相手に正対し、平打ちにならないように手を返して、正しい刃筋で打つようにします。

また、引き技には体当たりをした瞬間に相手を崩して打つ方法もあります。体当たりからの引き技で重要となるのは、体当たりになった瞬間です。そこが打突の好機であり、鍔ぜり合いに持ち込むと、相手も体勢を整えて五分の状態になってしまいます。打突の勢いを利用し、体当たりで相

手の体勢を崩すことで、有利な状況に持ち込むことができます。

相手の体勢を崩して面を打つ

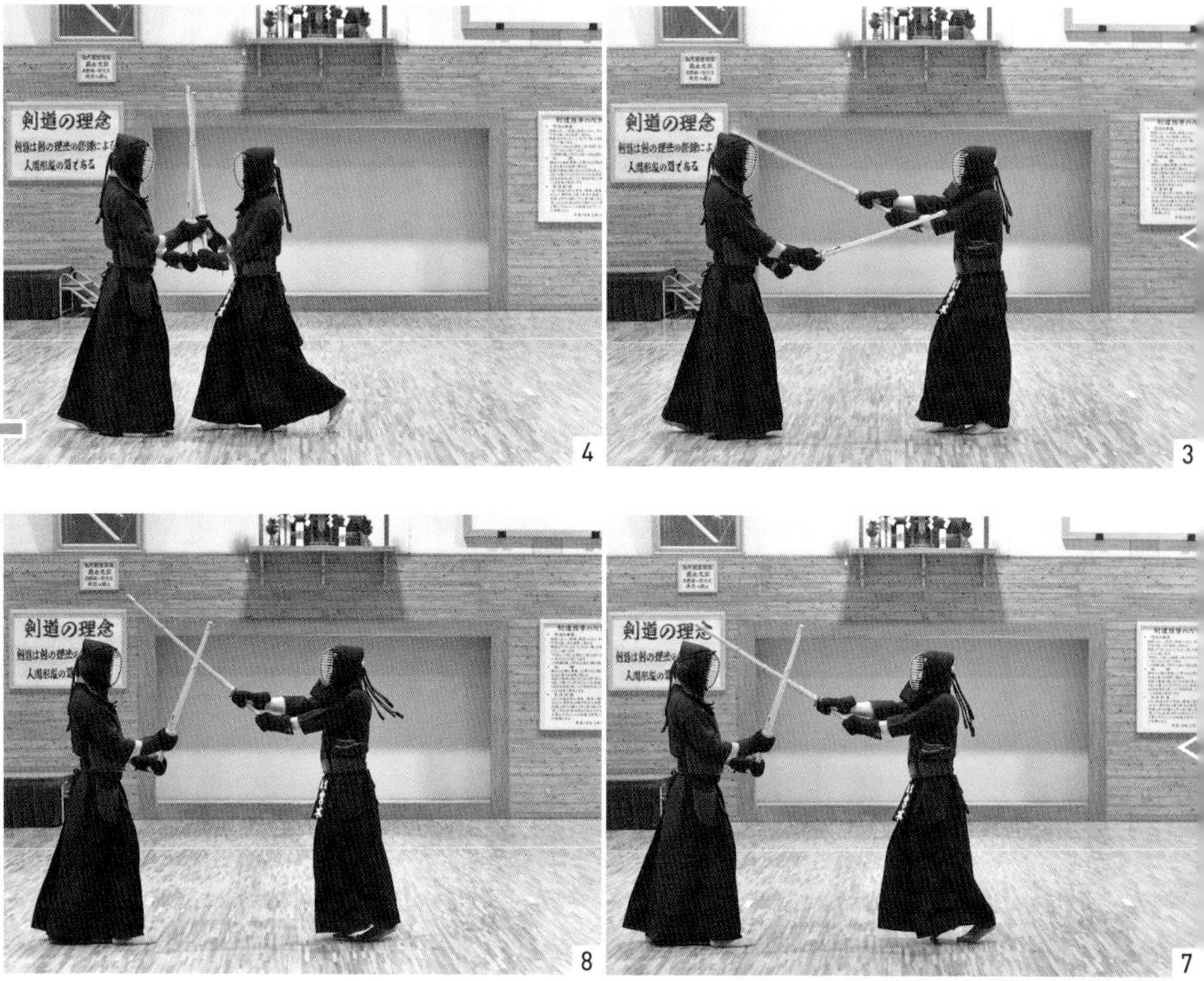

引き面は相手の押し返す力を利用して打つ。正面からの体当たりで相手を崩し、左足を大きく後ろに引きながら打つ

【抜き技の要諦――面抜き胴・小手抜き面】

抜き技は、相手の竹刀に自分の竹刀を触れないで、相手に空を打たせて打つ技です。抜き方には体を退いて行う（あます・距離をとる）、体を開いて行う（かわす・方向を変える）方法があります。いずれも相手の打突を待っていては遅れてしまいます。先の気持ちを持続させて攻め、相手を誘い出して打つことが大切です。

面抜き胴は、相手の正面打ちに対し、右足を斜め

前に踏み出しながら体を開いて面打ちを抜き、すれ違いざまに相手の右胴を打つ技です。体を開いて面を抜いたとき、相手の両腕が伸び切った状態にし、その隙を逃さずに刃筋正しく右胴を打ちます。

小手抜き面は、主に一歩後方に下がりながら相手の小手を抜く場合と、その場で竹刀を振り上げて小手を抜く場合があります。いずれも相手の小手技を誘いますが、小手を抜こうとする動作が早いと、相手は途中で技を出すのをやめてしまいます。日本剣道形の二本目の要領で、抜く動作はぎりぎりまで我慢して一気に竹刀を振りかぶって打つことが大切です。

相手の竹刀に自分の竹刀を触れさせないで空を打たせる

面抜き胴

相手の正面打ちに対し、右足を斜め前に踏み出しながら体を開いて面打ちを抜き、すれ違いざまに相手の右胴を打つ。体を開いて面を抜いたとき、相手の両腕が伸び切った状態にし、その隙を逃さずに刃筋正しく打つ

小手抜き面

小手抜き面は、主に一歩後方に下がりながら相手の小手を抜く場合と、その場で竹刀を振り上げて小手を抜く場合がある。実戦では相手との状況によるが、ぎりぎりまで我慢して瞬時に打つ（写真は一歩下がりながら抜いたもの）

【すり上げ技の要諦――小手すり上げ面】

すり上げ技は、相手が打ち込んできた竹刀を、こちらの竹刀の表（左側）、または裏（右側）ですり上げて打つ技です。注意点としては、相手の竹刀を受けとめたり、払うのではなく、相手の刀勢を体のさばきと竹刀の鎬を利用してすり上げ、すかさず打ち込みます。

すり上げ方は、剣先を相手に向けながら半円を描くようにし、竹刀の表裏の鎬を使います。すり上げる動作がそのまま振りかぶる動作と連動するように行い、ただちに振り下ろして打突します。

すり上げる動作が払って打つ動作にならないように注意します。剣先を手前に引き寄せたり、受け止めたりする遣い方ではなく、鎬を使って前でさばくイメージですり上げることが大切です。場合によっては、前後の動きばかりではなく、左右の体さばきが必要になります。

小手すり上げ面は、相手の小手打ちを竹刀の裏鎬

ですり上げ、そのまま振りかぶって相手の正面を打つ技です。すり上げるときは足さばきに注意し、腰が引けないようにします。相手の小手をすり上げたら、間髪入れずに相手の面を打ちます。相手との間合によっては、後退してすり上げる場合もあります。

足さばきに注意し、小手をすり上げたら間髪入れずに面を打つ

写真②のように相手の小手を引き出す。すり上げる動作が払って打つ動作にならないように注意し、相手の小手打ちを鎬を使ってすり上げるが、その際、剣先が相手の剣先からそれてしまわないように行う。竹刀の中結から前でさばくくらいの気持ちで応じる

【すり上げ技の要諦――面すり上げ面】

面すり上げ面は、相手の面を竹刀の鎬ですり上げながら振りかぶり、そのまま面を打つ技です。面すり上げ面は表鎬で行う場合と裏鎬で行う場合があります。

相手の面を表鎬ですり上げるときの要領は、剣先が半円を描くようにして相手の竹刀をすり上げながら、手首のスナップを効かせて鋭く面を打ちます。すり上げながら体さばきをともない、体を前に出して打ちます。相手との間合によっては、後退したり体をやや開きながら打つこともあります。

また裏鎬を使ってすり上げる場合は、表鎬ですり上げるときと同じように、剣先が半円を描くように竹刀の鎬ですり上げて打ちます。相手の面を待つのではなく、前に出ながらすり上げていくと円滑な竹刀操作になります。

手先だけですり上げると、相手の技の勢いに打ち消されて効果が得られません。正確に体をさばいてすり上げ、相手に正対して打ちます。特に裏からすり上げる場合は、左腰と左手を安定させた竹刀操作を心がけます。

剣先が半円を描くようにして相手の竹刀をすり上げる

1

2

5

基本は相手の面に応じて半円を描きながら竹刀をすり上げるが、面すり上げ面の場合は真っすぐに対応するので相手との間合のとり方に注意する。体を前に出して打つ場合と、間合によっては体を少々開くなど、体さばきをともなうこともある

3

4

6

【出ばな技の要諦――出ばな面】

出ばな技は、相手が攻め込もうとしたり打突をしようとする動作の起こり端をとらえて打ち込む技です。先々の先で打つ技であり、よく相手の動きを察知することが大切です。

出ばな技を打つときは、振りかぶりを小さく、前腕から手首のスナップを利用して手の内を十分に効かせ、瞬時に打突することが求められます。打突の強度もある程度は必要ですが、機会、正確さ、速さが重要になります。

出ばな技は相手が打とうとした隙の一瞬をとらえる場合と、相手を打ち気にさせ、その動きの起こりを打つ二通りがあります。

打つ機会として「心が変化するところ」「発意したところ」で「匂い」や「気配」を感じるようにすると教えることもあります。しかし、このような機会を感じ取るのは容易なことではありません。

出ばな面は、攻め合いのなかで相手の打ち気を誘い、動作が起こるところに面を打ち込むものです。相手の動作を待っていると必ず遅れてしまいます。自分から先々の先の気位で攻めて相手を引き出すことが大切です。相手の打ちを引き出すから、先んじて出ばなをとらえることができるのです。

出ばな面は、相手が前に出てくるところをとらえます。構えの崩れをとらえる技のように大きく踏み込むと、相手が出てきている分、お互いの距離が近くなってしまいますので、間合に注意します。

相手の技の起こりを的確にとらえる

1

2

5

相手の技の起こりをとらえるには、写真①と②の段階が非常に重要になる。やや剣先を下げ、相手が出てくるところを打つのだが、基本的に自分が攻めていなければ相手の技の起こりはわからない。互いに攻め合い、相手が攻めて前に出てきたところを攻め返して打つ稽古を繰り返すこと

3

4

6

【出ばな技の要諦――出ばな小手】

出ばな小手は、相手が打突をしようとして手元を上げようとした瞬間をとらえて打つものです。相手が打って出てきたところに小手を打っても相手の勢いに負けてしまいます。わずかな手元の上がりをねらい、一瞬の隙をとらえるようにします。

打ち気が強すぎると手先だけを伸ばしてただ当てるだけの打ち方になってしまいがちです。これでは打突部位をとらえても、有効打突とは認められません。

打突後はそのまま相手にぶつかっていくようなイメージで体勢を整えます。小手は移動性がもっとも高いので、体勢を崩したり、刃筋の通っていない打ちになりがちです。相手の竹刀と平行に打つようにして、正確な一本をめざします。

瞬間的な技なので、機会を的確にとらえ、身体全体で打つことが大切です。

技の起こり、上がった手元をしっかり打つ

表をしっかり攻め、相手が攻め返して手元の上がったところを打つ。相手の手元をいかに上げさせる攻めをするかが重要で、手元が上がろうとしたところを打つのが出ばな小手。相手の技が起きてから応じていては遅い。また、出ばな小手を打つには手の内と同様に、機会をとらえることも大切となる

3

4

6

【返し技の要諦——面返し胴】

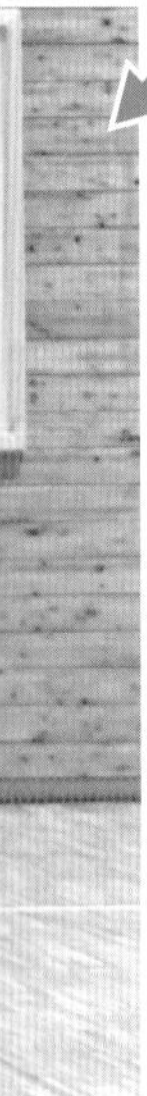

返し技は、打ち込んできた相手の竹刀を迎えるようにして応じ、応じた反対側にすかさず返して打つ技です。相手が打突してきた竹刀を自分の竹刀の鎬を使って応じ、表から裏、裏から表に一拍子で返して打ちます。

相手の技を返す動作が大きくならないようすばやく手首を返すことが大切であり、左手が中心から外れると振りが大きく鈍くなり、すばやく対応できなくなります。相手の技を十分に引き出し、前でさばくように応じ返すと効果的です。

面返し胴は、右足を右斜め前に出しながら、正面を打ってくる相手の竹刀を表鎬で応じ、左足を右足の後ろに引きつけながら返して右胴を打つ技です。返す際、左手を右手側に気持ち送るようにするとと手首の返しがよくなり、無駄のない打ち方になります。応じる動作が大きくなると、竹刀が大振りになり、間合が詰まってしまい、円滑に返すことが難しくなります。

応じる・返す・打つという動作の流れに切れ目がないようにします。間合や相手の勢いによって、応じるまでは自分の動作が緩やかであっても、「返す」「打つ」の動作は間髪を入れない勢いが必要です。さらに、その場で応じることのないように、相手の技の勢いや間合などを見極めて、相手を迎え入れるような気持ちで相手の技を引き出します。

相手の面を確実に受け止め、刃筋正しく胴を打つ

1

2

5

相手の面は前でさばくことが重要。相手の面を待つというイメージではうまく返せない。また、胴を打つ際も、左手が正中線から外れないようにする。返し胴がうまくいかないケースでは、竹刀を回していることが多い。胴を打つときに左手が中心から外れることがないように注意が必要

4

3

6

【返し技の要諦――面返し面】

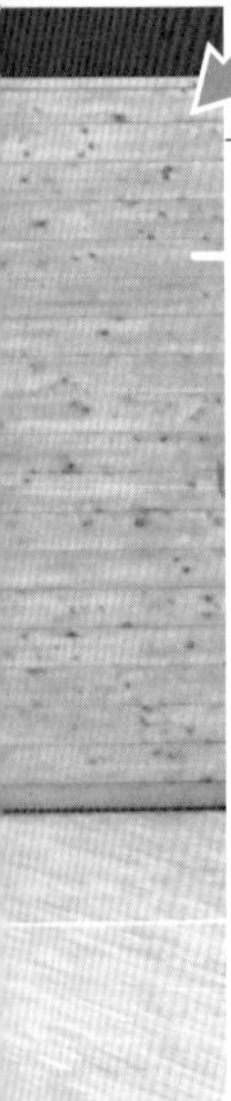

面返し面は、相手の右面と左面を打つ場合があります。右面を打つ場合は左足を左斜め前に開きながら、正面を打ってくる相手の竹刀を表鎬ですり上げるような気持ちで応じます。その後、体を開くと同時に竹刀を返し、右足を引きつけて相手の右面を打ちます。

一方、左面を打つ面返し面は、右足を右斜め前に開きながら裏鎬ですり上げるような気持ちで応じます。その後、体を開くと同時に竹刀を返して相手の左面を打ちます。

応じるときは相手の竹刀を受け止めようとしないこと。迎えるようにしてわずかな角度で応じるようにします。手首に力を入れたまま相手の竹刀を受け止めると、受けっぱなしになったり返しが滑らかにできなくなったりします。

応じ返しの技は相手の身体と竹刀の動きをよく見極め、相手を十分に引きつけておいて、相手の打ちが決まろうとする瞬間、言い換えれば相手が「打てた」と思った瞬間に応じ返して打つことが大切です。

打つか、打たれるか、相手の技がまさに決まろうとする瞬間まで我慢して相手を引き込むのです。一瞬でも遅れれば打たれてしまうという、ギリギリの際まで自分を持ちこたえることによって次の道が開けてくるのです。

相手を十分に引きつけ応じ返して打つ

1

2

4

5

面返し面では相手の打ってきた面を迎えるようにして応じることが重要。また、相手が面を打ってくることで、間合が近くなり、返したあとに打てなくなることもある。相手を引き込むことなく、前でさばくことが大切

3

6

【打ち落とし技の要諦――胴打ち落とし面】

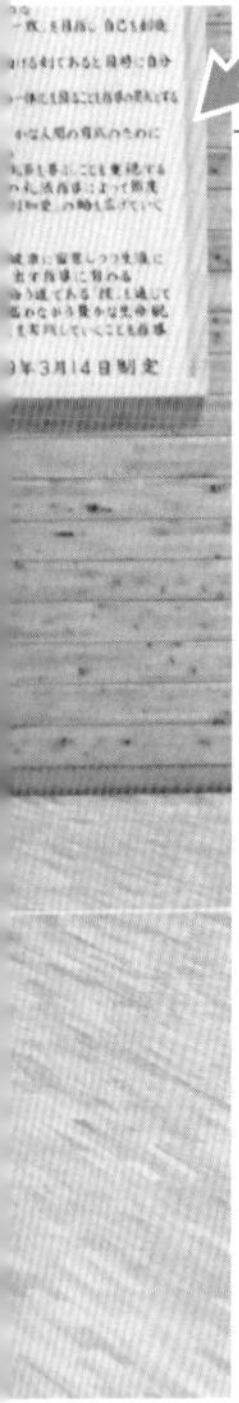

打ち落とし技は、打ち込んでくる相手の竹刀に対して、体をさばきながら表から左下、裏から右下に打ち落として相手の技を無効にし、ここからすかさず打突する技です。

相手の竹刀の打突部の中程を、自分の竹刀の物打ちの刃部を使って打ち落とすと効果的で、相手の状況によっては左右に体をさばいて打つこともあります。

胴打ち落とし面は、「木刀による剣道基本技稽古法」の九本目にあるように、右胴を打ってきた相手に対し、左足を左斜め後方に開きながら、相手の竹刀を右斜め下に打ち落とし、すかさず右足を踏み込んで面を打ちます。

相手の胴を打ち落とすときは、腰のひねりを使い、相手の剣先を床に叩き落とすくらいに手の内を効かせて厳しく打ち落とします。打ち落としたら間髪を入れず相手に正対して面を打ちます。

体を左にさばきながら相手の胴を打ち落とす

1

2

4

5

相手が打ってきた右胴に対し、腰のひねりを使い、相手の剣先を床に叩き落とすくらいに手の内を効かせて打ち落とす。左足を後方に開きながら下がり、打ち落とした後、右足を踏み込んで面を打ち込む

3

6

【打ち落とし技の要諦──小手打ち落とし面】

小手打ち落とし面は、小手を打ってきた相手に対し、竹刀の刃部を使って相手の竹刀を右斜め下に向かって打ち落とし、すかさず面を打ちます。体を左にさばきながら相手の小手をかわし、腰のひねりを

利用して竹刀を強く打ち落とします。手元を崩さず、適切な間合で鋭く打ち落とすことで相手の技を無効にして、すかさず面を打ち込みます。

体を左にさばいた後、体を相手に正対させ、相手が防御する前に面を打ちます。胴打ち落とし面と同様、相手が反撃に転じることができない厳しさで打ち落とすことが大切です。打ち落とした反動で跳ね上がった竹刀の流れを活用し、間合が詰まらないうちにすかさず打ちます。

腰のひねりを利用して竹刀を強く打ち落とす

小手打ち落とし面の場合も、竹刀の刃部で相手の竹刀を厳しく打ち落とすことが重要。左足を開き、体を左にさばきながら面を打つ。左に体をさばく際の腰のひねりを利用する

3

4

7

【かつぎ技の要諦——かつぎ面・かつぎ小手】

かつぎ技は、機を見て自分の竹刀を思い切り左肩にかつぎ、これに誘われて相手が手元を上げたり、剣先を動揺させたり、誘いに乗って打って出ようとしたところを打突する技です。相手の意表を衝く技であり、誘い技ともいわれています。竹刀を左肩にかつぐため、攻め勝っていないと反撃に遭う危険性があります。

　かつぎ面は、中段の構えから攻め合い、機を見て竹刀を左肩にかつぎ、相手がそれに誘われて小手や

面を打つ

胴を警戒して手元を下げるので、そのまま大きく踏み込んで相手の面を打ちます。

かつぎ小手は、中段の構えから攻め合い、機を見て竹刀を左肩にかつぎ、相手がそれに誘われて手元を上げるところに、相手の竹刀と平行にすり足で小手を打ちます。

かつぎ技は面返し胴が得意な相手、小手の防御が得意な相手に効果的ですが、かつぐときは迷わず、思い切って行うことです。中途半端な気持ちで行うと手元を上げたときが虚となり、小手を打たれる危険性が生じます。

小手を打つ

機を見て竹刀を左肩にかつぎ、相手を崩す

面を打つ

かつぎ技の基本的な考え方は、まず相手との状況において優位に立っている状態で用いることが重要になる。守勢の相手に対して有効であり、自分が優位な状態でなければ隙を与えてしまう技でもある。五分五分の状態では打てない技で、相手の防御の癖や状態を見て用いる技といえる

小手を打つ

1

2

3

4

5

6

【巻き技の要諦――巻き落とし面・巻き上げ小手】

巻き技は自分の竹刀を相手の竹刀に絡め、円を描くようにして相手の竹刀を巻き上げたり、巻き落としたりして相手の構えを崩して打つ技です。巻き方は、時計回りに相手の竹刀を巻き落とす方法と、反時計回りに相手の竹刀を巻き上げる方法がありま す。剣先が低い相手には巻き上げ、剣先が高い相手には巻き落としが効果的です。代表的な技に巻き落とし面と巻き上げ小手があります。

巻き落とし面は、攻め合いから剣先を低くして攻め入りつつ竹刀を裏に回し、時計回りに相手の竹刀を巻き落として構えを崩して、すかさず面を打ちます。巻き落としは、相手の竹刀の中程から手元にかけて巻くことが大切です。竹刀の先で捲こうとすると、途中で外れてしまうなど十分に捲くことができません。捲く動作と打つ動作が一連の流れになるようにします。

巻き上げ小手は、表から反時計回りに相手の竹刀を巻き上げて構えを崩し、手元が上がったところに小手を打ちます。巻き上げも、巻き落としと同様、捲く動作と打つ動作が一連の流れになっていることが肝要です。巻き上げたときに竹刀を振りかぶった状態にしておけば、すぐに小手を打つことができます。

捲く動作と打つ動作が一連の流れになっていないと、崩しから打突までに時間がかかり、相手に体勢を立て直す余裕を与えてしまいます。捲くときは、手先だけでなく身体全体で捲くようにします。

裏から捲き落とし
相手の手元を下げる

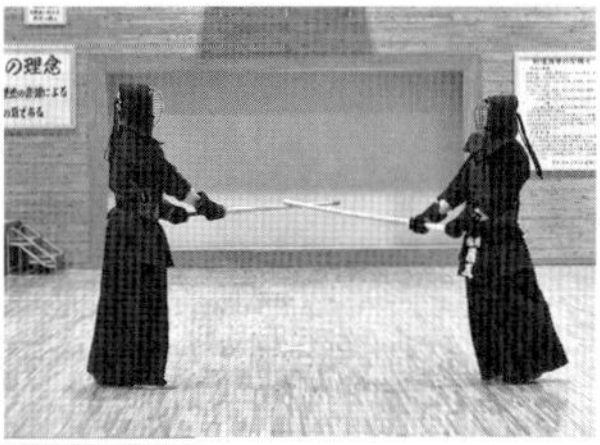

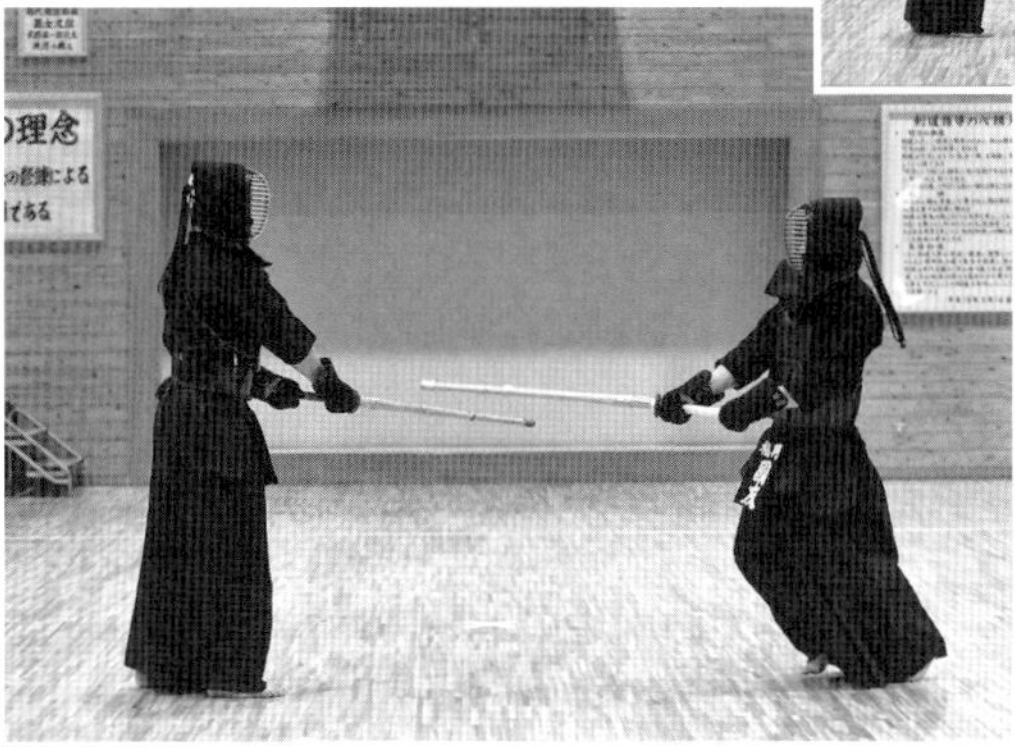

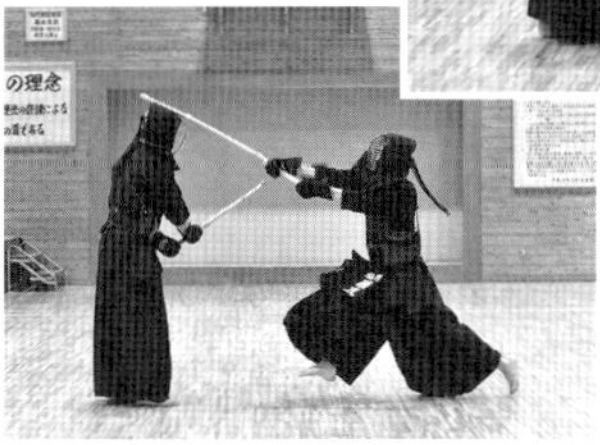

表から捲き上げ
相手の手元を上げる

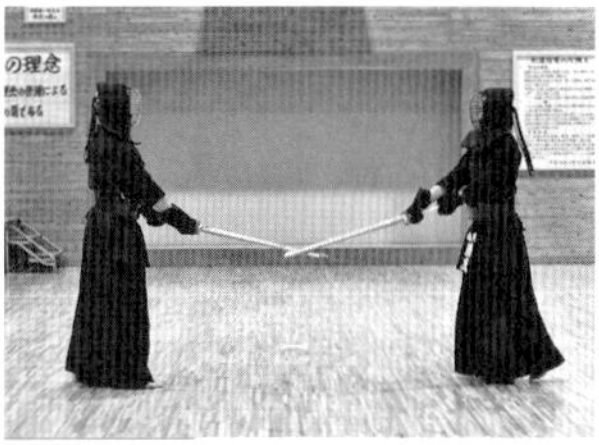

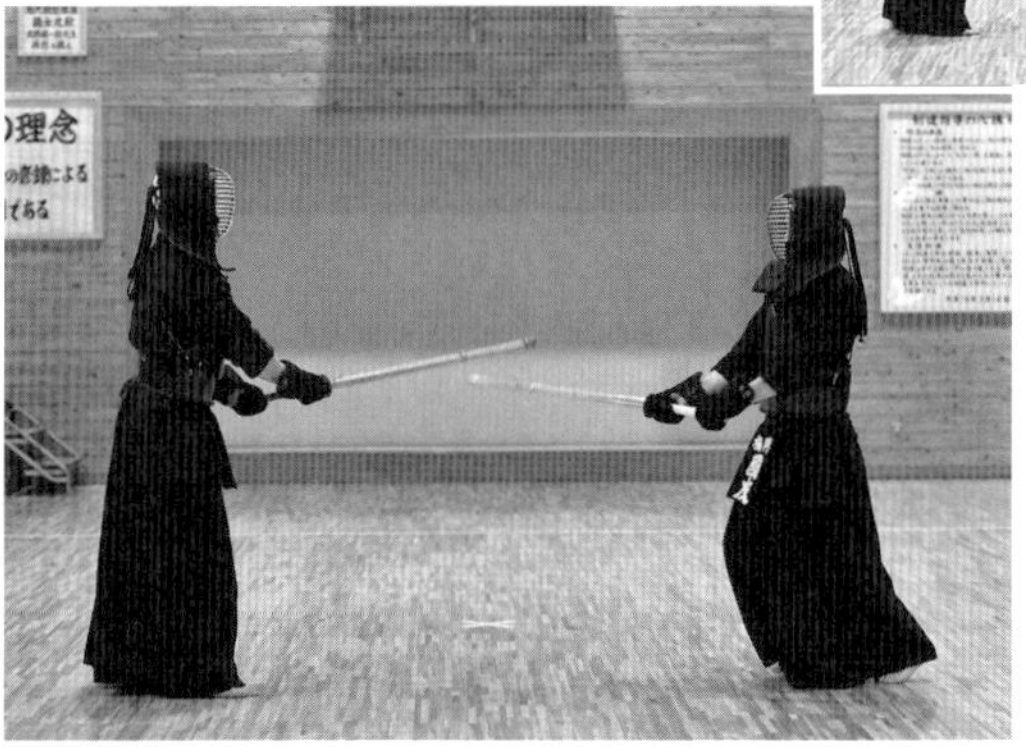

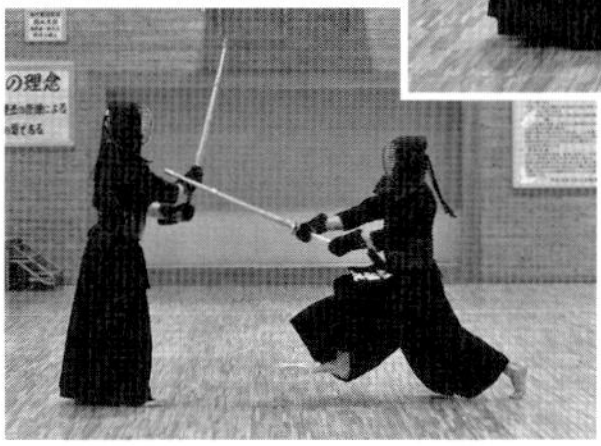

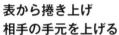

表と裏の使い分けによって攻めに幅が生まれる

表から捲き上げ小手

捲き技を行う際には、手首だけで行おうとしても相手の体勢を崩すことはできない。身体全体で捲き上げる、または捲き下げることが大切になる。捲き上げてからの小手、または捲き下げてからの面のいずれも捲く動作と打つ動作が一連の流れになるようにする

裏から捲き落として面

【片手技の要諦――片手突き・片手右面】

片手技は一種の意表を衝く技で「飛び道具」と呼ばれることもあります。代表的な技として片手突きと片手右面（半面）があります。利点は片手で出すので遠間からでも相手の打突部位をとらえることができること。一方、欠点は片手で出すので打ちの強さと正確性に欠けることです。

片手突きは、諸手突きと同じ軌道で竹刀を出していき、右手を離して片手で相手の喉元を突く技です。片手突きは手や上体だけでなく、身体全体を前方に進めながら突き、ただちに中段の構えに戻るようにします。正確に突くために左拳を中心から外さないようにします。左拳が中心から外れると剣先がぶれてしまい、まっすぐ相手を突くことができません。左拳が中心に収まっていれば、最短距離で冴えのある突きが出せます。

片手右面（半面）は片手突きと同様、頻繁に出す技ではありません。機会の見極めが非常に重要であり、外れれば反撃される危険性が高い技です。

片手右面（半面）は、中段の構えからわずかに攻め出て、左足を前に出しながら左片手で竹刀を振りかぶり、そのまま踏み込んで相手の右面を打ちます。右手は右腰に引きつけるようにすれば、身体が安定し、打突に力強さが加わります。

これらの技は難易度が高い技です。反復して稽古をし、体得することが大切になります。

片手突き

片手右面(半面)

武井幸二選手(平成2年卒)が第38回全国教職員大会で見せた見事な片手突き

足をしっかり使い
手打ちにならないようにする

片手突き

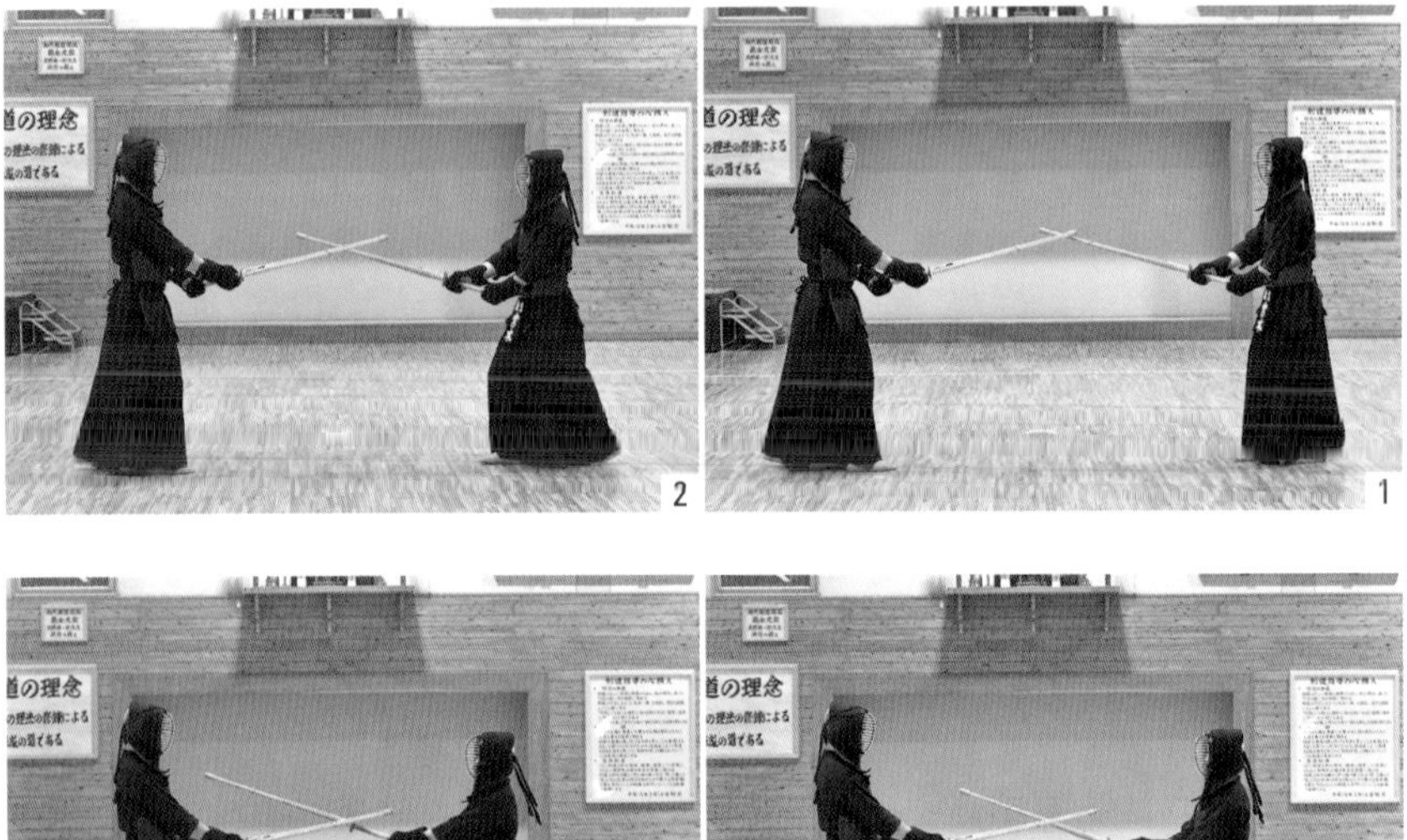

片手技の場合もしっかりと踏み込んで身体全体で打つこと。決して手打ちにならないように注意する。特に、突きの場合には残心をとることが非常に重要。突きっぱなしにならないよう注意。このことは槍と同様で、突いた竹刀を抜くことが次の備えになる。片手右面も同様に、手打ちになり、体勢が崩れてしまってはいけない

片手右面

国士舘では打ち込み、切り返しに相当な時間を割いています。これらの基礎稽古を繰り返すことで正確な打突動作を覚えることができます。実戦は応用であり、基礎稽古を繰り返すことだけで本番で通用するものではありません。しかし、応用問題を解くには基礎問題を反復して土台を作らなければならないのと同様、剣道も基礎稽古で土台を作った上に、実戦があります。

＊　　＊

基礎稽古とは、剣の理法に基づく正しい竹刀の扱い方を身につけることといえます。剣道の稽古は相手と打ち合うだけで、ある程度の満足感を得られるかもしれません。しかし、いまの遣い方は正しかったのかなど常に理合を追究することで、さらに剣道の奥深さがわかってくるはずです。

平成30年の全日本選手権で望月脩平選手を攻める宮本敬太選手

選手権者への道（一）

國友錬太朗（第54期）

くにとも・れんたろう／平成2年、福岡県生まれ。福岡舞鶴高から国士舘大に進み、卒業後、福岡県警察に奉職。全日本剣道選手権大会優勝、2位2回。剣道五段

私の父秀三、恩師山内正幸先生はともに国士舘の卒業生でした。父からは「自分の好きな大学に行きなさい」といわれていましたが、「剣道をりつける なら国士舘」と決めていたので、迷わず国士舘に進学しました。

私の同期は主将をつとめた安藤翔（現北海道警察）をはじめ、藤岡弘径（現和歌山県高校教員）、武田直大（現宮城県高校教員）、中澤公貴（現高知県警察）、村上泰彦（現愛媛県警察）など実力者ぞろい。日本一を目指して稽古に取り組む環境が整っていました。もちろん先輩たちが強いことはいうまでもありません。最初は稽古についていくのに精いっぱいだったことを覚えています。

＊　＊

私は二年生までは選手になることができませんでした。安藤は一年生のときから試合に出ています。彼だけでなく、結果を出した人たちが、上級生になっても手を抜かずに必死に稽古している。試合に出ている人間が必死に取り組んでいるのに、試合に出ていない自分がこの程度の稽古ではいけない。そんな気持ちで、通常の稽古が終わったあと、自主稽古をするようになりました。

人並み以上に稽古をしないとレギュラーになれない。選手の座を手にするには、一本でも多く稽古するしかないのです。

三年生になると部内戦でも結果を出せるようにな

り、選手に入れていただきました。四年生のときには、関東学生剣道優勝大会、全日本学生剣道優勝大会で優勝。これまで日本一を経験したことがなかった自分にとって、最高の成績を残すことができました。

＊　＊

大学で一番学んだのは「攻め」です。剣道部長の氏家道男先生からは「大きく、正しく、烈しく、強く」というテーマを与えられ、そのイメージをもって稽古に取り組んでいました。攻めについては、間合を詰めると相手が「おっと」とたじろぐような気持ちを乗せていく攻め、技を磨くことで相手に「打たれそうだ」と思わせる攻めを心がけました。相手にどこを攻めたらいいのかわからないと思わせることも、心理的な攻めにつながると考えました。もちろん一朝一夕で身につくものではなく、いまも工夫・研究中であることはいうまでもありません。

令和元年、全日本選手権を制す

＊　＊

このたび、第六十七回全日本剣道選手権大会で優勝することができました。国士舘の同級生からは「錬太朗が優勝して嬉しいけれど、次は俺が優勝する」といわれています。

今回の全日本選手権には同級生が私を含めて六人出場していました。彼らは仲間であり、ライバルです。彼らに負けないよう、これからも稽古に取り組んでいく所存です。

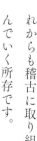

選手権者への道（二）

安藤　翔（第54期）

あんどう・しょう／平成2年、北海道生まれ。東海大第四高（現東海大札幌）から国士舘大に進み、卒業後、北海道警察に奉職。世界剣道選手権大会団体優勝2回・個人優勝、全日本剣道選手権大会3位。剣道五段

私は中学生のとき、兄の応援で関東学生剣道新人大会を見学しました。その日から国士舘の剣道に憧れ、「自分も入りたい」と希望するようになりました。

国士舘は日本一強い大学です。小中高の剣道とはまったく違い、入学すると部内試合でも勝てなくなりました。氏家先生からは折にふれて『技術だけでは決して勝てない」「まだ高校生の剣道だ。大学生なら気構えを大事にしなさい」と多くを教えていただきました。

技術では足りない部分を補うために、私が心がけたのは、声を出すことです。

初太刀を打つ前から気力をためて声を出す。打ち終わるまで声を出しつづける。息を切らさない。一息でしっかり打ち切るのはとても苦しいことです。国士舘時代は、その苦しい打ち込みをひたすら繰り返した四年間でした。

朝の追い込みでも夜の基本稽古でも、とにかく声を出して打ち切る。大学を卒業してからも、常に声を出すことに留意して稽古をつづけてきました。それが、世界選手権優勝の土台になったと思っています。

＊　＊

国士舘では「強く正しい剣道を目指す、基本を大事にする」ということを繰り返し教わります。これは高校時代の恩師、古川和男先生に教えていただいたことでもあり、先生方の教えには、すとんと胸におちるものがありました。

面打ち一本にしても、一つひとつの動作を突き詰めてご指導をいただき、それまでの自分の意識の甘さを痛感したものです。一本を打つまでの過程でこれだけの労力を使うのか、ということに感動すら覚えました。

国士舘は実力者の集団です。少しでも気を抜けば脱落してしまいますし、負けられないという気持ちもありました。レベルの高いライバルたちとの切磋琢磨も強くなっていく要因だと思います。

ただ、「正しい剣道」で試合をすると、セオリー通りの動きをすることになるので、いざ勝負というときに動きを読まれるようなリスクがつきまといます。負ける可能性も高くなるので、悩んだ時期もありました。しかし、これ以上ないほど充実した環境で鍛えられたおかげで、全日本学生大会では団体でも個人でも優勝することができました。

平成30年の世界選手権では団体・個人ともに優勝

＊　＊

現在、私は北海道警察の剣道特練員として勤務のかたわら稽古に励んでいます。稽古方法はいまも大学でご指導いただいたことの繰り返しです。

全国警察選手権と世界選手権（団体・個人）は優勝させていただきましたが、全日本選手権では結果を出せていません。いまはその目標に向かって精進しています。

選手権者への道（二）

坂元静香（第39期）

さかもと・しずか／昭和50年、千葉県生まれ。野田北高から国士舘大に進み、卒業後警視庁に奉職。全日本女子剣道選手権優勝2回、世界剣道選手権大会出場。現在、警視庁職員（嘱託）。旧姓朝比奈

私は学生時代に結果を出せず、先生方にご迷惑をおかけしたのですが、強くしていただいたのはまさしく国士舘のご指導以外になかったのではないかと思います。

もっともありがたかったのは、目先の勝負にこだわらない、将来につながる剣道指導をしてくださったことです。警視庁に奉職後、特練という世界で指導をいただきながら、学生時代の教えを胸に稽古してまいりました。

＊　　＊

私は小さいころから国士舘OBであった父・静生に指導を受けました。「剣道は不器用でも努力すれば強くなれる」と諭してもらい、不器用なりに稽古を繰り返した思い出があります。

国士舘には各地方から全国レベルの選手が集まります。

そんなハイレベルの選手たちでも、稽古が終わるとさらにランニングや素振りに励んでいました。不器用な私も先輩方を見習い、ランニングと素振りに取り組みました。もちろん、すぐに結果が出るわけではありません。ただ、私より数段実力のある先輩方が一人稽古をつづけている姿を見て、「努力が大切であること」を学び、気を引きしめて稽古をつづけていました。

氏家先生には具体的なアドバイスもたくさんいただきました。

私は稽古や試合のとき、どうしても下がってしまう傾向があったのです。

その原因のひとつは、左足の膝が曲がりすぎていることにあり、先生から「左足にゆとりを持たせながら少し伸ばすようにしなさい」とご指摘をいただきました。それからは常に左足を意識するようになり、おかげで下がってしまう癖も薄れてきたように思います。このように的確なご指導をいただけたのは、ほんとうにありがたいことでした。

呼吸法や稽古前の黙想の時間を大切にしたのも、先生方のお教えの実践です。

＊　＊

私は幸い、全日本女子剣道選手権で二連覇することができました。どちらも無我夢中でしたが、特に二回目は勝てると思っていなかったのです。正直に申し上げて、自分でも意外でした。まったく勝ちを意識しなかったことがよかったのでしょう。

学生時代、氏家先生からいつも「相手のことを考える必要はない。自分の剣道をすればいいんだ」と教えられてきました。

稽古でも試合でも、自分の剣道をつらぬけば結果はあとからついてくる。そう信じています。

私はいま、剣道で学んだことを日々の生活に活かしながら子育てに専念しています。子育てが終わったら、また竹刀を握りたいと思っています。

平成11、12年と全日本女子選手権を連覇（写真右）

第三章

烈しく
日々の稽古で地力を磨く

剣道の基本である「大きく」「強く」打つ次の段階はいよいよ実戦への準備になる。
烈しさが伴わない技は決して冴えのある打突にはならない。
その結果、有効な打突になることはない。
基本動作の稽古を行った後の、打突を一本にするための稽古を始めよう。

【総論】

基本稽古の目的は、剣道の基礎となる基本動作を同時に多人数の学生に指導し、習熟させることにあります。剣道は芸事であり、本来であれば、稽古は師弟が相対して個々に教授するものです。同時に多人数に教えるという形態ではありませんでした。

指導する側からみれば、基本稽古は剣道にもっとも必要な基本動作を選んで効率的に稽古させることができるという利点があります。これによって正しく確固とした姿勢をつくり、身体手足の運動を自由、敏捷、かつ耐久力のあるものにし、打突の方法を教え、間合を知り、機会を見、気合を悟らせ、そして正確な剣道の基礎を身につけさせるのに適切であるように努めます。

ただし、多人数で一斉に行う稽古はややもすると集中力のない機械的な動作に過ぎないものになりが

ちです。剣道の本旨に鑑み、十分に真剣、対敵の気勢を込めて行い、単なる棒振りの運動にならないようにする必要があります。

＊　＊

最初の指導が適切さに欠けると、姿勢や動作に悪癖がつき、不良のままそれが習慣となり、後に矯正することが困難になります。何事もそうですが、初めの指導がいちばん肝心なのです。

どのような稽古でも、まずその趣旨を明瞭に説明するのが重要になります。複雑な動作は細かく分解して教え、初めはゆっくりと、徐々に迅速に行えるようにしていく。基礎動作に習熟したら対人技能を教え、あるいは適宜いくつかの運動を連続して練習させるなど、簡単なものから難しいものに移行し、確実に修得させることに努めなくてはなりません。基本練習に熟練すれば、対人練習の基礎が確立して進歩が著しく、機に臨んで自在に変化応用することができます。

【大きな切り返し】

大きく振りかぶり手の内と刃筋を認識する

切り返しは、剣道を学ぶ者にとって欠くことのできない稽古法です。昔から「打ち込み切り返し」といわれており、「構え」「打ち」「足さばき」「間合の取り方」「呼吸法」などを身につけることができます。

さらに「強靭な体力」や「旺盛な気力」などを養い「気剣体一致の打突」の修得をねらいとしています。

切り返しは正面打ちと左右面連続を合わせて数回続けて行います。左右面は九本（前四本、後五本）を基本とし、三十本、五十本、百本など行いますが、最初と最後は中段の構えから正面を打ちます。これは、左右面の連続打ちで心身を充実させてから、打突の基礎である正面打ちを無心で正確に打ち切る要領を修得するところに意義があります。

切り返しを学ぶ上での留意点は多くありますが、重

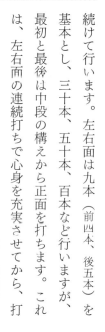

要な項目の一つが「刃筋」です。特に左右面連続打ちの部分では、約四十五度の角度で刃筋正しく打つことが求められます。左拳は常に正中線上に置いて、左右均等になるよう竹刀を操作します。

また、切り返しで、ぜひ身につけたいのは呼吸法です。正しい姿勢で大きく振りかぶり、身体全体を使った切り返しを繰り返すことで剣道の呼吸法が身につき、上半身の力が抜け、下半身が強くなります。いわゆる上虚下実の教えです。

切り返しは悪癖の矯正や基本動作の修正のためにも有効であり、技能の向上にとって欠かせない大切な稽古法です。

なお、切り返しの受け方には、掛かり手の左右面を引き込む受け方と、打ち落とす受け方の二通りがあります。引き込む受け方は、掛かり手の打ちを素直に伸ばすことがねらいで、特に初心者などの打ちを受ける場合に用います。

一方、打ち落とす受け方は、打つ瞬間の手の内や、

打ち落とされることによる脱力と上肢の遣い方などを修得させるねらいがあり、中級者以上の打ちを受ける場合に用いられる方法です。

【打ち込み稽古】

正しい姿勢で適切な間合から打ち込む

打ち込み稽古は指導者（元立ち）の与える打突の機会をとらえ、正しい姿勢で適切な間合から大技で一本打ちや連続技、体当たりや引き技などを織り交ぜて正確に打ち込み、打突の基本的な技術を体得する稽古法です。

打ち込み稽古については、古来その絶大な効果が次のようにいわれています。

＊　　＊

【打ち込み八徳】

一、姿勢がよくなる。
二、身体が強壮となる。
三、四肢の力が増し、動作が軽妙自在となる。
四、技術が快速となる。
五、気息が長くなる。
六、眼が明らかに、打ち間が明らかになる

七、打ちが強くなり、かつ、手の内が軽く冴えがでる。
八、疑い、恐れの心を去り、心気力を一致させる。

＊　　＊

【打ち込み受け八徳】

一、姿勢が確かなものとなる。
二、身体が軽捷自在となる。
三、腕力を増す。
四、眼が明らかになる。
五、敵の太刀筋が明らかになる。
六、受け方（応じ方）が明らかになる。
七、手の内が締まって太刀に力を生ずる。
八、心が静かに納まり、沈着になる。

＊　　＊

初心者にはまず近い間合から確実に打ち込ませ、次第に間合を遠くして、一本打ちや連続技など変化を持たせて打ち込ませることが肝要です。ただ勢いよく早く打ち込んだり、機械的に連続技を繰り返すのではなく、一打一打を確実に、充溢した気勢と安

定した体勢で「気剣体一致」の打突ができるようにします。打突後も、次の打突にすばやく備えさせ、「残心」を意識させることが大切です。

【掛かり稽古】

積極的に機会をつくって打突する稽古

掛かり稽古は相手に打たれるとか外されるなどのことは一切念頭に置かず、体力・気力のすべてをふりしぼる気持ちで、技を出しつづけて打ち掛かる稽古です。技術の基礎を修得するための主要な修錬法であるとともに、体力・気力を養うためにも効果的です。掛かる者は常に正しい間合をとり、正しい姿勢で正しい打突を行うように心がけ、特に充実した気勢で行うことが肝要です。

また、受ける者は、相手を鼓舞する気持ちで、相手を引き立て、相手に正しい間をとりやすく、正しい打突がしやすいように構え、間を適切にとるとともに、誘いの掛け声をかけつつ気合を込めて行います。

前出の打ち込み稽古とよく似ている稽古法ですが、違いをしっかり認識して臨みたいものです。

打ち込み稽古は指導者がよい機会を与えて打突するものですが、掛かり稽古は掛かる者の意志によって積極的に機会をつくって打突する稽古法です。

受ける側は故意に大きな隙を見せるのではなく、自然に隙を与えることが大事になります。相手に隙を打つ実感を持たせるように行い、不正な打突は外し、正しい打突は充分に打突させて、相手に正しい打突の要領と打突の機会と感覚とを会得させることが肝要です。

初心者は技能が上の者に掛かり稽古を行うことが最も重要ですが、上達してからも技能が上の者にはもちろん、互格の者、あるいは下手の者にも行って基礎的修錬をするように努めなければいけません。

【相互の掛かり稽古】

互いに技を出しながら対敵動作を磨く

掛かり稽古は掛かる者が常に正しい間を取り、正しい姿勢で正しい打突を行うように心がけ、特に充実した気勢をもって行うものです。相手に打たれるとか外されるなどのことは一切念頭に置かず、体力・気力のすべてをふりしぼる気持ちで技を出し、打ち掛かる稽古ですが、元立ちを立てず、双方が掛かり手となるのが相互の掛かり稽古です。ともに先を取って機会を見つけ（あるいはつくり）、技を仕掛けて次々と打ち掛かる稽古なので、おのずと激しく息が上がる稽古になります。

　そのような中でも、正しい間、正しい打突を心がけ、適切な間合を取るとともに、すべての打突を打ち切るようにします。

　間合・隙・当たりなどは多少考えるにしても、それのみにとらわれることなく、また待つこともなく、敏速に判断して自分の思った隙に向かって、捨て身で体力・気力、技能の限りを尽くして打ち込みます。相手に打たれたり、突かれたり、応じられたりしても気にかけることなく、自分の修得したすべての仕掛け技を用いて旺盛な気力で思い切って打ち込み、時には打ち込んだ勢いで体当たりするなど、体力の続く限り短時間で集中的に行います。

　この稽古は激しい運動なので、よく一本ごとに息を入れたり、次の打突までに時間をとったりして惰

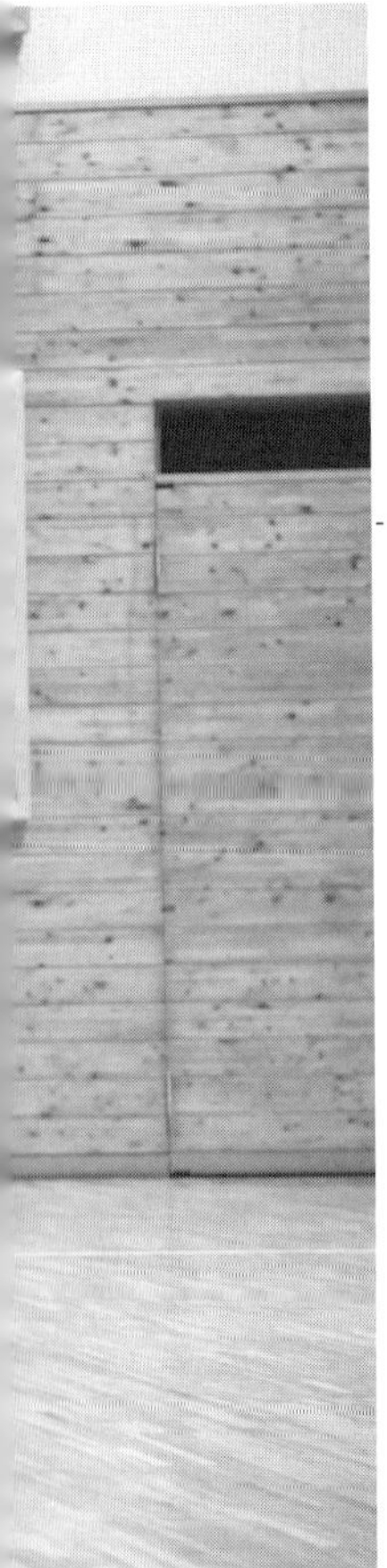

性の稽古になることがあります。また、相手の竹刀や動作を気にして思い切った打突ができない、あるいは短時間で行うために近間で打ちつづけるなどの弊害がありますが、それでは効果が上がりません。

【技の稽古について】

剣道は、互いに相手の動きに対応して攻防し合う対人的な格闘技です。その攻防は、一瞬一瞬が千変万化の様相を呈します。したがって、剣道の指導内容はどのような状況にも対応できる技能を中核として工夫されなくてはいけません。

応用動作である、対人的技能の修得に当たっては、充実した気勢をともなう適正な姿勢で、刃筋正しく正確に相手の部位を打突する技術（有効打突）を繰り返し稽古することが大切です。

一本一本を確かめながらていねいに打つ

剣道の技は「仕掛け技」と「応じ技」に分類することができます。仕掛け技には払い技、引き技、捲き技、かつぎ技、片手技などがあります。応じ技には返し技、すり上げ技、抜き技、打ち落とし技があります。

どの技を稽古するにしても、気剣体一致の打突をすること、攻め合いで優位に立つこと、打突の機会をとらえることが大切です。

攻めるに当たっては、三殺法（剣を殺し、技を殺し、気を殺す）を用いて相手を制し、打突の機会をつくって、的確にとらえる稽古を行います。剣道では偶然の打突ではなく、意図的に「攻めて打つ」ことが重要です。攻め合いを理解した上で稽古を行うことが、対人的技能の上達につながります。

【国士舘剣道部基本一〜基本三】

「木刀による剣道基本技稽古法」をベースにした連続技稽古

全日本剣道連盟が、「木刀による剣道基本技稽古法」を制定したのは平成十五年です。制定から十七年が経ち、指導現場でもかなり浸透してきました。

国士舘剣道部では、この「木刀による剣道基本技稽古法」に定められた基本一から基本九までの技を、九本連続で打ち込むことで、基本技を修得するとともに、応用技への発展をめざしています。

掛かり手は元立ちに対し、気合を充実させて対峙します。太鼓の合図で正面（基本一）、小手・面（基本二）、表から払い面（基本三）、面・体当たり・引き胴（基本四）、面抜き胴（基本五）、小手すり上げ面（基本六）、出ばな小手（基本七）、面返し胴（基本八）、胴打ち落とし面（基本九）を連続で打ち込みます。これを便宜的に「基本一」と呼んでいます。

「基本二」は小手（基本一）、面・面（基本二）、裏から払い面（基本三）、面・体当たり・引き小手（基本四）、小手抜き面（基本五）、面（表で）すり上げ面（基本六）、出ばな面(基本七)、小手返し面(基本八)、小手打ち落とし面(基本九)です。

そして「基本三」は突き(基本一)、突き・面(基本二)、裏から払い小手(基本三)、面・体当たり・引き面(基本四)、面抜き面(基本五)、面(裏で)すり上げ面(基本六)、出ばな面もしくは出ばな小手(基本七)、面返し面(基本八)、面打ち落とし面(基本九)です。

私は高校時代(小牛田農林高校)、修道学院出身の乳井義博先生からたくさんの技を教わりました。特に乳井先生の道場を利用しての合宿は午前四時間、

午後四時間、みっちり鍛えられました。

打ち込み稽古は面、小手、胴、突きと続きましたが、面だけでも十種類以上あったと記憶しています。出ばな面、返し面、下を攻めて面、突きから面などです。

若いころはたくさんの技を身体で覚えるまたとない機会です。特に国士舘の卒業生は剣道指導者となります。指導者はあらゆる技を示範できなければなりません。その意味もあり、より多くの技を身につけてもらいたいと考えています。

「木刀による剣道基本技稽古法」の応用として、このような連続技稽古を実施しています。

さまざまな体勢から存分に技を繰り出すためにもこの基本練習は効果的といえる。写真は基本三の突きから面、そして体当たりからの引き面

【互格稽古】

全力をつくして勝負を争う修錬法

互格稽古は、歩合稽古ともいって全力をつくして勝負を争う稽古法です。試合と異なる点は、試合は審判員がついて勝つことを目標に行うものですが、互格稽古は審判員をつけずに技能の上達をねらい、勝つ目標をもって行うものです。ねらいは主に技の修得、間合の修得で、試合の要領を会得することに重点を置く場合もあります。

互格稽古は試合練習を目標に行う場合以外は勝敗を強く念頭に置かず、多くの技を試み、研究目標をもって行いたいものです。

互格稽古はいわゆる相

手と「合気」で行い、互いに技を充分に練り合うことが大切です。技能力を競う修錬法なので、実力の同じ程度の者同士で行うのが効果的ですが、上手の者、また、下手の者と行うことも必要です。下手と行う場合は、相手の得意の間合で行うようにすれば、いわゆるハンディキャップを負うことになります。そうすれば実力的には相当の開きがあっても、真剣に互格に行うことができ、双方にとって効果的修錬になります。

自分より上手の者のいない修錬場で自分の技能を上達させるためには、下手の人との互格稽古を効果的に行うことが極めて重要になります。自分なりに工夫をこらした稽古を心がけましょう。

【引き立て稽古】

上手に対し気力を充実させて積極的に掛かる

引き立て稽古は、指導者が元に立ち、初心者や下位の者が上達するように、文字通り掛かり手を引き立てる稽古法です。

この稽古法は、元立ちの技量が重要です。掛かり手の力量を瞬時に把握し、間の取り方、気迫の示し方、打突機会の示し方、打突の受け方、体当たりの受け方、打突のいなし方、制し方などを駆使して、掛かり手を鼓舞するような稽古内容が求められます。気が抜けた状態、間が抜けた状態で元立ちを務めても、効果的な引き立て稽古にはなりません。ひとたび元に立てば、次々に十数人の相手をしなければならず、元立ちも苦しい稽古になります。

稽古に際しては、人と人が真剣に向き合い、気力をぶつけ合うことが重要です。技量に差がある引き立て稽古の場合は、いつも以上に真剣に向き合うことを心がけ、どのようにしたら掛かり手が伸びるのかを常に考える必要があります。掛かり手を真正面で受け止め、「もう一本、もう一本」と果敢な打ち込みを促します。

いたずらに技を殺すことなく、気を抜かないで正しい技は大いに打たせます。受け方を誤れば、掛かり手に誤解や悪癖を植えつけてしまうことにもなりかねないので注意が必要です。

引き立て稽古は、掛かり手を育てるためだけに行うものではありません。引き立て稽古のあり方を元立ち自身が工夫、研究、反省することが、自身の剣道技量の向上につながります。

【稽古の心得】

稽古のねらいと稽古方法の関係を理解すること

稽古は、技能を向上させるために行うのですが、このためにはねらいと稽古方法との関係をよく理解し、効果的に行うことが肝要です。

稽古のねらいをおおまかに並べると、以下の通りになります。

一、**技術の修得**

技術の修得は、練習量と頻度に比例するので、稽古量を多く行うこと、休まないことはもっとも重要な条件ですが、意欲をもって行うことがさらに大切になります。

二、**地力をつける、持久力をつける**

稽古は上達し、地力をつけることはもちろん、持久力をつけることも心がけなければなりません。強くなるには自分より上手と稽古をすることが大切です。

三、**多くの技を修得する**

上を目指すには剣道技術の幅を広くすることが必

要条件です。まず得意技をもつ。その得意技を活かすために、他の技を使えるようにする。幅広い技を攻めの手段として活用できるようにすれば、おのずとレベルが上がってくるでしょう。

四、気力を養う

先の気をもって稽古に励むこと。いかなる相手と稽古をするときも、またいかなる状態でも先の気で行うことが肝要です。

五、技能を効果的に修得する

どのような稽古においても、主な目標を定めて行うことが肝要です。

六、苦手をなくす

誰と試合をしても勝つためには苦手意識をなくさなければなりません。そのためには苦手な相手を選んで稽古をすることがもっとも効果的です。苦手な相手との稽古では自分の技能を充分に発揮することができないので避けたくなるものですが、必ず乗り越えなければならない壁と思えば、ありがたい稽古相手でもあるのです。

【打ち切る打突】

すべてを出し切って打つ稽古

試合は、誰の助けも借りず、自分一人の能力で勝敗を争うものです。緊張もし、プレッシャーもかかるので、自分本来の実力を充分に発揮するのは大変なことです。しかし、自分で納得がいく試合ができた場合には自信もつき、その喜びも一入《ひとしお》であって、一生の思い出になります。

本番で実力を発揮するためには、まず捨て切って打つことをよく理解することです。攻め合いをしっかりと行い、相手に勝った状態で打つことができるように稽古しなくてはいけません。

詳しくは第五章で解説しますが、「捨て切る」「打

ち切る」は、ただ単に思い切って打って出ることでもなく、開き直って打つものでもありません。

闇雲に打って出る稽古では、反省材料がありません。まずは攻め合いをし、その上で反省と工夫を繰り返すことが大切です。

「これだけやったのだから」と思えるほど稽古を重ねれば、自信がつき、試合にもよい影響をもたらすと思います。

【いかにして地力を磨くか】

日々の積み重ねと振り返りが大事

国士舘では開学以来、朝稽古・夕稽古が絶えず行われてきました。打ち込み・切り返しはこれからも変わらず、大事にしていきたい伝統です。この基本動作の繰り返しが国士舘の剣道の源でもあり、学生たちの地力を養っています。特に質の高い稽古を日々積み重ねている学生は、思わず目を瞠るほどの上達をみせてくれます。

大学生活の四年間で試合に勝つことも大切ですし、学生にとっては励みになるでしょう。それ以上に大事なのが実力をつけること、地力をつけることだと私は考えています。それは、学生生活に止まらず、卒業してからの剣道修業を踏まえての話だからです。

年齢を重ねて強くなる人はたくさんいます。学生時代にレギュラーではなかった人が卒業後に活躍し、八段位を取得するといったケースも少なくありません。

その反対に、学生時代に活躍できても卒業後に悪くなるのなら、「当てて勝つ剣道」「巧い剣道」のレベルで止まっている可能性があります。地力をつけなければ必ず壁に突き当たります。基礎、基本をしっかりやれば、結果は必ずついてくるのです。

選手権者への道（四）

安藤戒牛（第37期）

あんどう・かいご／昭和48年、岐阜県生まれ。PL学園高から国士舘大に進み、卒業後、愛知県警察に奉職。全日本剣道選手権大会優勝、世界剣道選手権大会出場など

入学のきっかけは、PL学園の恩師である故・川上岑志先生からの一言でした。

「国士舘へ行って全日本学生を獲ってこい」

これで私の国士舘大学入学が決まったといっても過言ではありません。川上先生の教えと国士舘の教えはいまの私の基盤となっています。

PL学園の稽古は基本稽古の繰り返しでした。国士舘も打ち込み、切り返しを主体とする基本稽古です。高校との違いは、大学では自分で求めて行うことが要求されるという点です。基本稽古では一本一本、すべての動作を正確に行うことを心がけていました。

＊　＊

大学の稽古の第一印象は、先生方、先輩方が「崩して打つ」ことに重点をおいているという点です。そして、「打つ、打たれる」よりも、学び合うという姿勢を大切にしていると感じました。

先生方の教えを実践していれば必ず結果はついてくる。結果を出せば雑誌や新聞に掲載され、自分たちが教わってきたことの正しさが証明できる。少し大それた考えかもしれませんが、大学時代の私はそんなことを考えていました。専門誌に取り上げられれば国士舘の剣道が評価され、学生剣道界だけでなく、剣道界全体に広まる、と。

二年生のとき私は全日本学生剣道選手権大会で優勝することができました。このとき、氏家先生から

「感動した」といっていただいたことは、昨日のことのように覚えています。

＊　＊

団体戦のほうでは三年時に準決勝で敗退。そのとき、私は勝たなければいけない場面で引き分けてしまいました。慎重になりすぎ、捨て身の技が出せなかった。悔やんでも悔やみきれない試合でした。

その反省点が四年生のときの団体優勝に結びついたと思います。このときも一年前と同じく、準決勝で私が勝たなければいけない場面がめぐってきました。昨年のような後悔はしたくない。その一心

平成14年の全日本選手権で優勝

で、迷わず勝負に出て勝つことができたのです。

＊　＊

私は大学を卒業後、全日本選手権で優勝するまでに七年かかっています。決して順風満帆ではなく、幾多の失敗、悔しい思いもしましたが、粘り強く稽古を行ってきたつもりです。

試合について私の経験からいえることはとてもシンプルです。「勝敗を忘れてすがすがしく試合に臨むこと」。さらにいえば、試合には無心、無欲で臨む。そんなときは、自然に結果がついてくるのです。

選手権者への道(五)

佐藤厚子（第18期）

さとう・あつこ／昭和00年、栃木県生まれ。国学院栃木高から国士舘大に進み、卒業後、栃木県中学校教員となる。全日本女子剣道選手権大会優勝3回。現在、壬生中学校教員。剣道教士七段。全日本剣道連盟常任理事。旧姓黒須

国士舘の先生、先輩方は「どん」と構えて中心をしっかりと攻める剣風です。基本を大事にして一本をしっかり打ち込む、これを毎日繰り返すことは昔から変わりません。基本稽古を繰り返す中で、納得ができる面は一、二本程度。「これでどうだ」と気持ちを込めながら毎日打ち込んでいました。

大野操一郎先生は「相手の起こりを攻める」ことの重要性をよく説いていらっしゃいました。剣道には自分と相手との空間があり、鎬や足を遣い、攻めて勝って打つ研究をしなければ、単なる運動になってしまう。国士舘の稽古では常に工夫・研究することが求められました。剣道の稽古は単純なことの繰り返しですが、心のやりとりを意識するようになり、稽古のやり方が変わったように思います。

＊　＊

国士舘は「強い」「厳しい」というイメージを持たれがちですが、一方で「自分で学びとる」という雰囲気がありました。当時は部員が四百名もいますので、「道場警備」という言葉があるほどでしたが、並んでいるふりをしていくらでもサボれました。しかし、やる気になれば五人でも十人でも稽古ができるので、意志さえ強ければいくらでも伸びる環境がありました。一年生のときでも、レギュラーの先輩方に「お願いします」というと、嫌な顔ひとつせず「いいよ」と受けてくださいました。サボっている人はほとんどいなかったと思います。高いレベルを

目指す集まりなので、日曜日でも誰かが必ず道場にいました。

先輩方はどんなに体調が悪くても、深酒をしても、翌朝の稽古にはきちんと出席されていました。私もそのような姿を見ておりましたので、盲腸の手術を受けたあとなどは、さらしを巻いて稽古をしました。先生方は何があってもいらっしゃるから、自分から休もうとは思えません。最後の関東大会団体戦では、直前に膝十字靭帯を切ってしまいました。根性で出場したものの、自分自身は不甲斐ない内容に終始。幸いにチームは優勝しましたが、主将としては恥ずかしい思い出です。

＊　＊

昭和48、49、51年と全日本女子選手権を制している。写真下は関東女子学生剣道優勝大会でのもの。右から4人目

私は栃木の壬生中剣道部顧問として、教え子たちに、大野先生がおっしゃっていた「心の修業」について伝えるようにしています。試合で感じる力み、プレッシャー、重圧感は自分の気で取り払い、相手の起こりを打つ。これが大切です。剣道は心一つで変わるということを伝えてまいりたいと考えています。

いまも防具は週に七、八回ほどつけております。一般女子の稽古会も木曜日にやっておりますので、その日は一日三回の稽古です。勝ちたいと思うときは勝てないし、負けると思ったら負けます。勝ち負けよりも、「どれだけ必死に、相手に胸を借りて動けるかやってごらん」と、子どもたちに語っています。

選手権者への道（六）

右田幸次郎（第17期）

みぎた・こうじろう／昭和28年、熊本県生まれ。八代東高から国士舘大に進み、卒業後、熊本県教員となる。全日本剣道選手権大会優勝、全国教職員大会優勝など。現在、東亜大学教授、同剣道部監督。剣道教士八段

私は八代東高校時代から、「国士舘で剣道を学びたい」という気持ちを強く持っていました。国士舘の大野操一郎先生と高校の恩師・井上公義先生は旧制八代中学時代の師弟という関係であり、国士舘は八代で合宿をしていました。当時から国士舘の剣道は洗練されていて、あこがれを抱いており、井上先生の勧めもあって国士舘に入学したというわけです。

国士舘剣道部のすばらしさはなんといっても豊富な指導陣です。大野操一郎先生、小野十生先生、堀口清先生、阿部三郎先生、伊保清次先生など当代一流の先生方にご指導をいただく機会に恵まれました。

稽古は一番にかかるべく、競って面を早くつけました。剣道具をつけるところから勝負でした。切り返しや打ち込み、掛かり稽古も試合本番を想定して行いました。いまふうにいえば有効打突の基準を満たした打ち方です。稽古内容はいたってシンプルで、常に正しさを求めて行っていました。

＊　＊

私は大学四年時、全日本学生剣道選手権大会で三位になることができました。入賞できたことに一定の満足感はあったものの、痛感したのは優勝と三位の違いです。優勝は慶應義塾大学の町吉幸選手でしたが、雑誌などでの取り上げられ方の違いに愕然とし、試合は出場するからには優勝するしかない、と強く思うようになりました。

大学卒業後、私は地元熊本に戻り、高校教員とな

りました。警察官となり、自分の剣道に磨きをかけるという選択もありましたが、井上先生のように生徒を育ててみたいという気持ちがあり、剣道選手としては決して恵まれた環境とはいえない教員の道を選びました。

＊　＊

卒業した年の全日本剣道選手権大会予選。私は熊本県警の山田博徳先生に勝ち、出場権を手にしました。当時は百人を超える選手が予選に出ていました。七試合で決勝戦だったと記憶しています。

当時、全日本剣道選手権大会は十二月に開催していました。二十三歳で最年少に近い私でしたが、なんとしても優勝するという気持ちで臨みました。

準決勝の相手はあこがれの横尾英治先輩。胸を借りるつもりでお願いし、運よく勝つことができました。決勝戦では佐山春夫選手を破り、天皇杯を手にすることができました。ベスト4には私、横尾先輩、そして川添哲夫先輩が入り、三人が同門だったことは嬉しい思い出です。

昭和51年、23歳のときに全日本選手権を制す

閉会式終了後、大野先生とともに国士舘大学に向かい、祝賀会を開いていただきました。国士舘に行って本当によかったと思った瞬間でした。

第四章

強く
大器晩成への道

目の前の試合ばかりにこだわっていると強い剣士になることはできない。
基本をしっかり繰り返す、日常の稽古がなによりも重要になる。
さらに稽古だけではない。メンタルコントロールを含めた心構えや
将来を見据えた普段の一打一打が大切なのだ。

十年先を見据える稽古

国士舘の学生は、剣道が好きで、あるいは剣道の指導者になることや学生日本一を目指して入学してきます。

日本一を目指すのも大切なことです。しかし、それ以上に私は彼らに「地力をつけること」を大切にしてほしいと考えています。四年間の学生生活で結果を残すだけではなく、卒業してからの剣道生活を見据えて稽古をし、長く選手や指導者として活躍することのほうが大事です。

国士舘では、学生時代にレギュラーではなかった者が八段に合格するケースが多くあります。国士舘の剣道をもとに、自身で研鑽を積み上げてくれた成果であり、指導者としてこれ以上嬉しいことは

ありません。

勝つことだけを目標に四年間の学生生活を送るのは、あまりにもったいない。当て方の上手な人は、いくら剣道が巧くても、ある程度までいくと必ず壁に突き当たり、その壁を乗り越えることができません。その壁を乗り越えるために必要なのは、やはり基礎、基本です。基礎、基本をしっかりやった人たちは必ず結果を残しますし、剣道の質も着実に向上していきます。

現在も200名近い剣道部員が伝統を守り厳しい稽古を続けている

腹から声を出す

全日本剣道連盟の『剣道指導要領』には、「掛け声とは、心に油断がなく、気力が充実した状態が自然に声となってあらわれたもの」とあり、その目的について「自分を励まし気力を充実させる」「集中力を高め、士気を高揚させる」「相手を威圧し、動きを抑制する」「相手の気の起こりや気の集中を挫く」「相手を迷わせたり、動揺させる」「相手を引き出し誘う」「気剣体一致をはかり、打突の強度や正確性を高める」とされています。

掛け声というのは気合の一種であり、気力の充実は剣道のすべてにつながってきます。国士舘の稽古においても、打突前の「ヤー」の発声について学生たちに注意をうながしています。この声が充実していないと技も出ませんし、技のキレもよくなりません。また、稽古全体の雰囲気も変わってきます。

特に、今の学生は子どものころから大声を出す習慣がないせいか、胸から上の力で声を出しています。腹から声を出す、というよりも喉で叫ぶような印象です。長呼気丹田呼吸を学び、腹から声を出すように指導しています。面、小手、胴、突きの打突部位の呼称をはっきりと言うことも徹底させています。

発声は気の充実につながります。この心がけは社会に出てから、剣道以外にも役立つのではないでしょうか。気概をもつ、集中力を持続するなど、生きるうえで大切な要素が養われます。

気の充実が無心とか無念無想の概念までつながるかどうかは定かでありませんが、発声というものも剣道の重要な基本であることを強調しておきます。

気剣体を一致させるための第一歩がしっかりした掛け声

打ち間を知る

間合はおおまかに「遠間」「一足一刀の間合」「近間」の三つに分類されています。その中でも、触刃の間合から交刃の間合に入るところ、このわずかな距離での攻め合いを大事にせよ、という教えがあります。ここで相手を動かせば攻め勝つことにつながります。

特に大事なのは「いつ」「どこで」相手を動かせば「打ち間」を捉えることができるのか、ということです。打ち間というと「一足一刀の間合」というイメージがありますが、似て非なるものであると私は考えています。打ち間というのは、相手が動いた時の「機会」も、意味合いの中に含まれています。たとえば、ふだんの私では届かない触刃の間合の段階であっても、相手が掛かってくるその瞬間であれば、届くことができます。つまり、触刃の間合であっても、時と場合によっては打ち間になり得るということです。一足一刀の間合で攻めても相手が動かない場合は、もう一つ攻めないといけません。そこを小川忠太郎先生は「生死の間」とおっしゃっていました。要するに打ち間というものは、一定の距離ではなく、相手が動くところを感じられるかどうか、が肝心なのです。

距離感をつかむことも大事ですが、それ以外にも心と心の間というものもあります。同じ距離でも遠く感じる場合と近く感じる場合がある。「自分から近く、相手から遠い間合」をつくれるよう、相手の特徴、癖などを見極めながら攻め崩さなくてはいけません。

間合は常に相手との距離を測るものだが、相手の動きを感じる心の問題でもある

三殺法で攻め崩す

攻撃は最大の防御であるといわれるように、有効打突を競い合う場合には、攻めは絶対に必要な要素です。相手を攻め崩す＝攻め勝つためには、常に先を取ることがどうしても必要になります。相手の気の機先を制しながら打突の機会をつくる。これが「攻め」の本質です。

柳生新陰流では「表裏」という言葉を使いますが、表裏を機前に仕掛けて相手を引き出し、打突するのです。

攻め崩しには三殺法があります。「気を殺し（相手を気力で圧倒し、攻撃しようとする気を挫く）」「剣を殺し（相手の竹刀を押さえる、払うなどして相手の構えを崩し、竹刀を自由に使えないようにする）」「技を殺す（相手の起こりや得意な技を出させないようにして、機先を制する）」の三つの方法によって、相手を攻め崩していくのが基本です。

常に中心を攻め、相手の攻撃の気持ちを減ずるような稽古を心がける

攻め方というのは人それぞれで、私の場合は、鎬を使いながら相手の竹刀に擦り込むようにして中心を取る方法を意識しています。相手の剣先を押さえ込むように中心を取ると、逆にこちらの意図をつかまれやすいので、擦り込む程度の意識がよいのではないかと思っています。

私もこれまで、相手の右の拳を攻める「拳攻め」、臍を突き刺すような気持ちで乗る攻め、突きを突くような攻め、などさまざまな方法を試してきました。これらの攻め方は、気剣体のどこに重心をおくかの違いはあっても、三殺法の三つを使うという点は共通しています。

私は最近、左手の小指の働きについて、その重要性を再認識するようになりました。左の小指をしっかりと握れば、脇の締め具合、左足の張りと連携して、剣先の圧力が強くなる。そのことをつくづく実感しています。

剣先の強さは小指の運用から生まれる

打突の好機

打突の好機とは、相手との攻防の中で、構えの崩れや変化をとらえるなどして打突すれば、有効打突に結びつく機会のことを指します。主なものとしては「相手の動作の起こり」「技を受け止めたところ」「技の尽きたところ」「居ついたところ」「引くところ」「心が乱れたところ」「実を失って虚になったところ」が挙げられます。

特に、相手の起こりを打つのは見応えがあり、多くの剣道人の憧れです。

また、居ついたところも大事な機会です。相手の攻めに対し、攻め返そうとしてうまくいかず、居ついてしまうことはよくあります。居つくというのは、自分から打とうとして途中でやめるということ。その瞬間を逃さず打てるようになると、剣道がより面白くなるでしょう。

注意していただきたいのは「引くところ」。「引いたところ」ではありません。あくまで「引くところ」の瞬間をとらえることが大切です。

「技を受け止めたところ」については、私は「さばく」という表現を使うようにしています。相手が技を受け止めたところをすかさず「さばく」。その感覚は、実際の稽古の中でイメージしてみてください。

攻めるときには「攻めて急がせる」ことを意識しましょう。かつて読んだ昔の剣道書に「（相手を）急がせる」とあり、私も大いに共感しました。攻め立てられた相手は、「先に動かないといけない」という焦りを感じるものです。そうして相手が動いた瞬間をすかさずとらえるのが、「攻め勝つ」ということではないでしょうか。

相手が技を起こす瞬間は打突の好機といえる

地力をつける地稽古

地稽古は有効打突を体得するための稽古法と思われがちですが、第一の目的はあくまで「地力をつけること」にあります。

その意味で、「上手《うわて》に掛かる」というのはどうしても外せない稽古法です。

よく「短く、激しく、息の上がる稽古を」といわれるとおり、先生にお願いするときは、できるだけ短い時間で自分の持っているすべてを出し切るようにする。時間的には四、五分で充分ではないでしょうか。そのように心がけないかぎり、充実した稽古とはいえません。

上手の先生にお願いするときは、間合を遠間に取ることがポイントとなります。遠間から攻めて打つことを心がける。もちろんそれでは歯が立たないでしょう。しかし、ここで我慢して鍛えてもらえば、互格の相手と稽古したときに、攻めが利いてくるようになります。攻めが利けば、相手は動かざるを得ない状況となるでしょう。

また、上手の先生との稽古では「気を高める」ことを目的にするのが大切です。気が充実すると剣道のすべてが変わります。下手《したて》の人の気を高めることが、上手にとってもよい稽古につながります。

地稽古にあたっては、「合気の稽古」「下がらない稽古」「縁を切らない稽古」も心がけたいものです。合気というのは、文字通り相手と同じ気持ちになることで、気を外しながらの稽古は身になりません。気を外して稽古すれば、当たることはあるでしょうが、それで地力がつくかといえば大いに疑問です。

次に下がらない稽古。攻められるとつい下がってしまうものですが、そこで我慢をして攻め返すようにする。安易に下がるのではなく、相手がきたところに、逆に乗り返したり攻め返して、相手を居つかせることができれば、それこそ地力のつく立派な稽古となります。

縁を切らない稽古というのは、技を一本打つたびに仕切り直すのではなく、残心を取る=相手に気持ちが向かっている状態を維持するということ。一本打っても気を切らない。体力的には負荷がかかりますが、稽古の質が格段に高くなります。

「実を避けて虚を打つ」のは打突の好機としてよくいわれることです。虚を探しながら打つ稽古も悪くはないでしょう。ただ、あえて実（相手の強いところ）に立ち向かい、実を崩して虚にして打つのが本来の稽古です。実を崩すのはもちろんたやすいことではありません。大変ではありますが、そのような稽古を心がければ、剣道が一段と面白くなります。積み重ねていけば、必ず自分に地力がついてきたと実感できる日がくるでしょう。

上手に掛かる際には短い時間ですべてを出し切ること

試合勘を養う

国士舘ではふだんの稽古のほかに、大会前や春の新入生の歓迎試合、合宿などで試合稽古を頻繁に取り入れています。試合稽古の有効性については昔から指摘されているとおりで、稽古に飽きさせないため、また、通常の稽古とはちがった緊張感や刺激を得られるよう期待して実施しています。

現在取り入れている試合稽古の一つはリーグ戦です。その要領は左・中・右で三列に並び、横の三名同士で一組（一名は審判）をつくってリーグ戦を行うというもの。三試合が終われば左と右の列の者がそれぞれ前後に一つずつずれる。そうすればまた違う組み合わせで試合稽古ができます。これを延々と繰り返すのです。数を掛けて試合の感覚を養う方法で、コーチの入江伸君が考案してくれました。よくできた方法だと思います。

国士舘には男子だけでも百五十名、女子は四十名ほど在籍しており、全員が大会に出られるわけではありません。試合をしないとどうしても試合勘は鈍ってしまいます。それを補うためにこうした稽古法が考えられたというわけです。

リーグ戦に関しては四〜五人で組む場合や九〜十人で組む場合もあります。選手を決めるときにはトーナメント戦を行い、さらに上位陣によるトーナメントを繰り返します。勝ち上がれば誰もが選手になり得ますが、力をもっている者同士で数度のトーナメント戦を行いますので、本当に力のある選手でないとなかなか残れません。

合宿では勝ち抜き戦（席順定め）、グループごとの対抗戦（班別試合）なども行うことがあり、学生たちも楽しみにしているようです。

平成30年の全日本選手権で奈良の前田頌悟選手を攻める宮本敬太選手

寒稽古と立ち切り稽古

寒稽古や暑中稽古といえば、一般的には「特訓」というイメージがあるのではないでしょうか。国士舘では一年を通して朝稽古、夕稽古が行われていますので、そこまでの意味合いはありません。稽古内容も、切り返しと掛かり稽古が主体で、いつもと同じような内容です。むしろ寒稽古の期間は夕方の稽古を休みにしていますので、学生も一回の稽古に集中できるようです。

ただ、寒稽古は文字通り寒い時期（一月）に行いますので、開始三十分前には道場に集合。ランニング、柔軟、補強運動、軽いストレッチなどを行い、充分に体をほぐしてから稽古に入るようにしています。学生たちは準備など早めに行う必要があるので大変ですが、これも修業の一環です。環境の厳しい中、あえて稽古をするのは、心を鍛えるためでもあります。ありがたいことに、昨今はOBの先輩方も学生たちを鍛えようと多数稽古に駆けつけてくださり、大変にぎやかになっています。

もうひとつ特別な稽古といえば、卒業する四年生への送別稽古（二月）が挙げられるでしょうか。二十年ほど前から立ち切りの地稽古を行うようになりました。当時は一時間程度だったので、それでは物足りないという声があり、徐々に二時間になりました。しかし学生も四年間で充分鍛えられています。決していい加減に立ち切りをやっているわけではありませんが、二時間でも足りないようで、いずれはもう少し増やそうと考えています。

戦後すぐに行われていた寒稽古風景（上）。特別な稽古でも、切り返しと掛かり稽古が中心であることは変わらない

勝てないときにどうするか

学生たちの中には、自信さえつければ必ず強くなる、というタイプの者がいます。

たとえば地力があるのに、どうしても自分に自信が持てない。学生時代の朝比奈静香がそのタイプです。試合では負けない、でも勝ちもしないという微妙な成績で、そのことは本人も別掲コラム（一六六ページ）で述懐しているとおりです。監督によってはレギュラーを下ろすという決断をしたかもしれません。そのころ私は女子部の監督をつとめており、彼女を育てるためにもあえてレギュラーから外しませんでした。結局は警視庁に行ってから結果を出してくれました（全日本女子選手権二回優勝）。

自信がない理由というのも人それぞれで、そのあたりの見極めも大切です。学年や潜在能力、レベル、性格を勘案し、長所を褒める方向で指導したり、あるいは少々叱る回数を多くしたり、指導者にはきめ細かな対応が求められます。

今の学生は、高校時代までたくさん試合数をこなしてきているので、うまく打つコツはよくつかんでいます。ただ、要領よく勝つ方法を知っているがゆえに、努力を怠る傾向があります。苦労をしないで勝っている学生は、一時はよくても必ず落ち込む時期がやってくる。そのとき原点にかえって努力できるかどうか、苦しい稽古に耐えられるかどうかが、大きな岐路となります。原点というのはいうまでもなく基礎、基本に尽きます。ここで地力を養うことが、将来の自分自身の剣道にとってかけがえのない財産となるのです。

大会で勝てなくなったときこそ原点にかえるべき

剣道に活きるトレーニング

国士舘では春期と夏期合宿はもちろんのこと、年間を通して、トレーニングの時間を設けて体力・筋力強化を目的に実践しています。

1．基礎体力をつくる

◎腹筋・背筋　◎体幹支持

◎足上げ腹筋　◎手押し車

2．強靭な足腰をつくる

◎ゴムチューブ

◎階段（上り下り）

◎腿上げ

◎両足ジャンプ

◎おんぶダッシュ

◎お姫様抱っこダッシュ

◎肩車ダッシュ

◎タイヤ（10kg）押し

3．全身の瞬発力を養う

◎タイヤ（20～30kg）引き50m走（直線ダッシュ・ダッシュ→ジョグ→ダッシュ・蛇行）

◎踏み込み足

◎階段（ダッシュ・片足跳び・両足跳び・踏み込み足）

◎坂道メニュー（ダッシュ・2人1組のダッシュ・馬跳び）

4．打ち込みのスタミナを養う

◎長距離走（4～6㎞）

◎体育館で10分間走

◎階段メニューからランニング（階段・体育館3～5周）

5．打突のスピードを養う

◎腕立て（肩幅と同じ・広め・狭め（内曲げ、外曲げ）・上体を左右交互に移動させる・交互に右膝を右肘につけ、左膝を左肘につける）

◎〈男子〉バーベル使用（15～25kg）（左右踏み込み・ロングスタンス前進・小手突き面の三段突きの要領・上腕の屈伸・肩の強化・スクワット）

◎〈女子〉バーベル使用（スクワット・ジャンプ・ロングスタンス・ベンチプレス・上腕の屈伸）

◎プレート使用（素振り・上下振り・左右面素振り・正面素振り・早素振り・その場踏みかえの踏み込み足・股割・突き出し・小手突き面の三段突きの要領・前進5歩後退5歩の左右面）

これらのトレーニングによって、基礎的な筋力や体力の強化を図っています。

指導者の心がけ

国士舘の学生たちには、将来指導者になることを目指す者が多く、私もそれを視野に入れて指導しています。四年間の学生生活で、私が彼らに求めるポイントは次の三点です。

まずふだんから充実した稽古を行うこと。次にそれぞれの学生が思い描く「理想の剣道」に向けて努力しているかどうか。その結果として、将来につながる剣道ができたかどうか。

そういった稽古を積み重ねた上で、試合でもよい成績を挙げてくれれば申し分ありません。ただ、試合については、結果よりもどのような試合内容であったかのほうがはるかに重要です。

試合内容でいえば、安藤翔が主将だった平成二十四年(二〇一二年)の全日本学生剣道優勝大会(団体戦)が強く印象に残っています。優勝したことはもちろん、全体的に試合内容がすばらしかったからです。この年代は士気も高く、毎日自主練習を欠かしませんでした。

そのような充実した剣道生活を送ってもらうために、私は飽きさせない指導を心がけています。剣道の稽古法では「常に新しいことをする」のは不可能です。したがって、同じことをするにしても時間差をつけるなど、何かしら変化をもたせる工夫をしています。たとえば、切り返しの本数も九本、三十本、五十本と三種類にする。これも、ただ単にこなすルーティンな運動にだけはならないよう注意しています。

学生たちと接するにあたっては、各人の性格を把握し、賞揚法、指摘法を使い分けながら、モチベーションを高めさせるようにしています。

平成29年には全国警察剣道選手権を制した安藤翔選手。学生時代は自主練習なども積極的に行い全体のモチベーションを高めつづけていた

年齢を重ねて結果を出す

国士舘に入ってくる学生に対しては、学生時代の四年間で、示範のできる指導者になることを志してほしいと考えています。剣道は芸道・武芸なので、本来師匠がいなければ上達することはかないません。やりたいようにやっていると、必ず行き詰まります。その点で、示範のできる指導者というのはとても大切な存在なのです。

地力のある人、実力のある人が年数をかけて稽古を重ねれば、間合や攻め、相手との呼吸など、剣道の大事な要素をより高度なレベルで感じ取ることができるようになり、必ず力を増していきます。地力がある人は、年齢を重ねてこそ結果を出していくものです。若いうちから結果を出すことに焦りを覚えなくても、基礎、基本さえ怠らなければ、徐々に、しかし着実に力をつけていくことができるでしょう。

年齢を重ねてからも剣道が上達する剣士は、しっかりした指導のもとで基礎や基本の鍛錬を常に行っている

年齢を重ねて結果を出せる人は、基礎、基本がしっかりしているので力が落ちません。文字通り大器晩成です。国士舘の学生たちには、卒業してそれぞれの地元に戻り、さらに上のレベルを目指すとともに、若い人たちに本物の剣道を伝えていってほしいと願っています。

選手権者への道（七）

東　一良（第14期）

ひがし・かずよし／昭和25年、鹿児島県生まれ。鹿児島商工高（現樟南高）から国士舘大に進み、卒業後、愛知県警察に奉職する。全日本剣道選手権大会優勝、全国警察官大会二部優勝、全日本選抜剣道八段優勝大会準優勝など。愛知県警察剣道主席師範を最後に定年退職。現在、名古屋経済大学剣道部監督など。剣道教士八段

私は昭和四十四年四月、国士舘大学に入学しました。道場に入ってまず驚いたのは人数の多さです。同期生は約百四十人、全学年で五百人近くの部員が在籍していました。

その中で生き残っていこうと思えば、毎日が勝負です。二学年上には桜木哲史先輩がいて、同期には横尾英治君がいる。負けられないという気持ちは常にありました。特に横尾君は身長もあって腕が長く、勝負勘も抜群。天性の面がよく伸びてきます。とにかく稽古をしなければついていけません。他の部員の倍の稽古をする気持ちで毎日をすごしました。

勝負はまず、人よりすばやく面をつけるところから始まります。国士舘のすばらしさはなんといっても豊富な指導陣。当代一流の先生方に稽古をお願いするには真っ先に並ばなければいけません。先生方から手取り足取りご指導いただくことはありませんでしたが、自分が稽古をつけていただいている時間はもちろんのこと、先輩や同期の掛かり方から学ぶこともたくさんあります。見て学ぶことの大切さを知ったのもありがたいことでした。

＊　＊

国士舘の特長といえば、朝五時半に開始される朝稽古です。十八歳から二十二歳の若者が月曜日から土曜日まで、雨が降っても、風が吹いても、大会翌

日でも休むことなく朝稽古がありました。

四年生になっても稽古を休むことは許されず、卒業式の前日まで朝稽古に参加したのも、いまとなってはよい思い出です。

身体の温まっていない早朝に稽古をするということは生理学的には適さないのかもしれません。しかし、剣道は科学で解明できない精神的な部分も大事だと私は考えます。

一年生の新人戦には選手として起用された私でしたが、二年生になるとケガをしてしまい、思うような稽古ができなくなってしまいました。選手として出場できたのは四年生の関東学生剣道選手権からで、そこでベスト8に進むことができました。

平成24年、全日本選抜剣道八段優勝大会で準優勝

＊　＊

卒業後、私は愛知県警察に奉職し、剣道特練員としての生活が始まりました。

上段をとるようになったのは愛知県警察に入ってからのことで、そのイメージは川添哲夫先輩でした。川添先輩は国士舘の学生時代に全日本選手権で優勝。その日、日本武道館三階で応援していた私は、先輩の雄姿を昨日のことのように覚えています。私も昭和五十八年、川添先輩と同じ天皇杯を手にすることができました。国士舘の四年間があったからこそ実現できた夢であることは間違いありません。

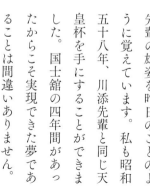

選手権者への道（八）

川添永子（第12期）

かわぞえ・えいこ／昭和25年、熊本県八代市生まれ。八代東高から国士舘大に進む。全日本女子剣道選手権大会3連覇。卒業後、川添哲夫と結婚。旧姓桑原

私が剣道を始めたのは、まだ女子剣道がそれほど流行《はや》ってはおらず、人口自体も多くない時期でした。父・透は剣道未経験でしたが教育に熱心で、一位と二位では雲泥の差、と厳しく私を育ててくれました。高校三年間、稲荷神社の二百五十段の石段を四往復しつづけたことも懐かしい思い出です。運よく小学生のころから結果を残し、高校時代に玉竜旗で注目していただき（男子の部に先鋒として出場し優勝に貢献）、父にも薦められ国士舘に入学しました。

国士舘は一番強い大学であり、師範の方々は全国でも指折りの先生方です。「このような環境で稽古ができるんだ」という感動と驚きでいっぱいで、絶対に負けないと思わせてくれる何かがありました。

＊　＊

私は小さいころから男性の中に混じって稽古をしてきましたが、国士舘では女子学生たちとの稽古が主で、スピードが違うために戸惑うこともありました。そのような中、先生方は私が稽古をお願いすると、打ちやすいように私を導き、時折「今の小手はいいぞ」と、褒めてくださるので自信がついたものでした。また、師範室の掃除をするのは女子部員が多く、ふとした機会に貴重なお教えをいただくこともありました。錚々たる先生方にご指導いただいたことは、のちのちも大きな自信になり、「私は国士舘のOGで、誰々先生に教わったんだ」と剣道愛好家の方に話すと、いまもうらやましがられます。

剣道の稽古は、上の先生方にお願いしなければ絶対に強くなりません。その点、当時の国士館の指導陣には大野操一郎先生はじめ日本を代表する剣道家がそろい、先生方の引き立て稽古が私の実力を伸ばしてくれたと確信しています。

＊　＊

意外といわれますが、私は気が弱くて、全日本大会などの前日は寝られず、睡眠不足になるのが常でした。大学卒業後も、そのような気が弱い私が結果を残せたのは、国士館の稽古という裏づけがあったおかげです。

昭44、45、46年と全日本女子選手権を3度制している

全日本女子選手権で優勝したこともたいへん光栄でしたが、個人的には結婚後お産を二度経験したのち、準優勝を二回させていただいたことが心に残っております。主人（川添哲夫）は照れ屋でめったに褒めない人でしたが、そのときには「がんばったな」といってくれました。私の大切な思い出です。

いまも、現役の大学生のみなさんは、背筋がピンと伸び、中心を攻めて打つ正統派の剣道で、多方面から高く評価されています。そうした伝統を受け継いできた国士館の剣道を誇りに思っています。

第五章 さらなる高みへ

生涯剣道を続けていくためにも日々の稽古は重要となる。
また、稽古の中でも常に心がけなければならないものもある。
上位者に掛かること、また合気や三磨の位などを常に意識し、
「品格のある剣道」を求めて自分を高めてゆくべきである。

心の剣道・気の剣道

「剣道修業に終わりはない」というのは、今も昔も変わらない至言です。

剣道を学ぶみなさんには、単に稽古をつづけるだけではなく、常に上を目指すという気概を持っていただきたいものです。また、そのような気持ちをもたない限り、結局は長続きしません。

上を目指すのであれば、剣の理法にかなった剣道、心の剣道・気の剣道といったものを追求していくことになります。

今の学生は最高で四段を取得することができます。卒業してから五、六、七、八段と昇段していくためには、まず、その年代に応じて基礎、基本を修得することが肝要です。若いときには体が動き、体力的負担がかかる稽古も比較的スムーズに行えます。年を重ねると当然ながら体力的には厳しくなってくる。そうなったとき、基礎、基本というものを常に意識してかからないと、剣道自体が崩れていきます。

基本という言葉の中には、「構え」「姿勢を正す」「合気になる」「呼吸」「攻め」「相手を読む力」「観の目」といった要素があり、これらを修得しなければ、心の剣道・気の剣道、剣の理法にかなった剣道を実践することが難しくなります。

四段のとき（二十代）と八段受審を目指すとき（四十代から）では年齢も違いますし、求めている剣道の段階も違います。基本を怠らずに高めていけば、己の剣道の根幹をしっかりと作り上げることができます。それが、「相手を引き出す」剣道にもつながるでしょう。

生涯剣道の実践というのは非常に難しいことです。

全日本剣道連盟から出されている「剣道指導の心構え」には、「竹刀の本意」「礼法」「生涯剣道」の三つがあげられています。この中で生涯剣道については、「ともに剣道を学び、安全・健康に留意しつつ、生涯にわたる人間形成の道を見出す指導に努める」とあります。

生涯剣道という言葉の響きにはすばらしいものがあります。長くつづけてこそ剣道のよさ、深さがわかってくる。逆にいえば、長く剣道にいそしみ、上達する人こそ、剣道のよさ、深さを味わえるのです。

年齢が上の人ほど、上達していく剣道を目指すべきなのです。

文部科学省は「生涯スポーツ社会の実現」を提唱しています。私たち剣道関係者も生涯剣道をメインに掲げ、剣道を普及することに努めていかねばならないと考えています。

懸待一致

懸待という言葉は、柳生新陰流から生まれたものです。それを現代剣道では懸待一致と表現しています。懸かり一辺倒ではならず、相手を攻めるときは、相手の働きを待つという気構えを持ちます。また待っているときの心は、相手を攻めるという気持ちでなくてはなりません。

同様の意味で「表裏一体」を使用することもありますが、「懸待一致」のほうが多用されているようです。なぜかといえば、相手を打ち気にさせるという意味合いが込められているからではないでしょうか。

相手を打ち気にさせる、引き出す、乗らせる。要するに自分から仕掛けるだけではなく、相手に仕掛けさせ、先に動かし、そこを逆にとらえるということです。

「懸」と「待」が同時に存在するという境地。もう少し詳しく述べてみましょう。

懸待には身と太刀の懸待があります。身は敵の間近にあって「懸」の態勢をとり、太刀は油断なく構える「待」の態勢にしておく。そうして相手を誘い、先手をとろうとさせておいて勝ちを得ようというものです。

要は体で打てるぎりぎりの間合まで詰めていって、後ろには太刀が控えている。そういう状況でないと打ち切ることができない、ということです。

私の感覚でも、こちら側から攻めていって打てるというのは、相手よりこちら側の技量が明らかに上だということを意

闇雲に打つのではなく、相手の技を引き出したところを打つことが大事なポイントになる

味します。本当の互格の勝負では、打ち気を起こさせなければ打つことはできません。それはきわめて難しい技であり、時々「これは」と思う技を出せることもありますが、次に打てるかと問われれば、容易にできるものでもないのです。

合気ということ

剣道の高みを目指す上で「合気」という要素はどうしても必要なものになります。

相手と心を合わせ、心を読み、やり取りをする合気の立合は、周囲の感じ方が違います。合気を外した立合は一人分のエネルギーしか出ていません。それが合気になると、一人が二人分、三人分のエネルギーを発しているように感じ、お互いに気が満ちた状態で出たときの技は、すばらしいものとなります。

たとえば「こちらに合わせられない相手」「外そうとする相手」に対して気を合わせるのも技量の一つであると思います。自分が攻め負けそうなときに攻め返す、外そうとする相手に合わせるやり方があるのです。

個人的には、三十代後半から直心影流の型である「法定《ほうじょう》」を稽古するようになり、合気によって相手の気持ち、見えない部分を感じとれるようになりました。型稽古には勝ち負けがない分、感じやすいのかもしれません。竹刀での稽古でもそうですが、上の先生から気をいただくという稽古の大切さに、年齢を重ねるほど気づかされます。先生の気をいただき、それ以上の気をお返しする。そのような気持ちで稽古をすることで、自分の気がどんどん高まります。私自身も、普段の学生との稽古では、技を出すとか出さないよりも、気を高める稽古のつもりで竹刀を交えています。

本書をお読みいただいているみなさんもぜひ、よい師を見つけ、気をいただく稽古をつけてもらい、研鑽に励んでほしいと願っています。

心気力一致

心気力一致は千葉周作遺稿にある「夫剣者瞬息（それ剣は瞬息）心気力一致」が原典です。この境地は、相当な熟練者であっても到達することが難しいものです。

「心」は直感・知覚・思慮分別といった精神の鍛錬によって得られる平常心や不動心であり、「気」は心で培ったものが外に表れる波長であり、精神力、生命力という活力です。「心」は静的なものであり、「気」は動的なものです。「力」は身体の力であり、これが発動することにより技となります。

自らの意思、気、技が瞬時に一体となるのが心気力一致です。

よく気剣体一致と混同する方がいますが、言葉は似ていても異なるものです。気剣体の一致は、簡単にいえば気合い、竹刀の動き、体さばきの三つが一体となって打突するということです。

心気力一致の状態をつくり出すことは非常に難しく、そのような技が出せればと私も日々願っていますが、なかなかうまくいきません。

たとえば八段審査の場合、それくらいの一本が出なければ合格は難しい。「合格したときの技を出してください」といわれても、簡単に出せるものではないでしょう。生涯に何度も経験できる境地ではないのかもしれません。

だからこそ、心気力一致を目指して修業をしていくのだと思います。上を目指すというのはとても困難なことです。「剣道修業に終わりはない」ゆえんです。

三磨の位

よい師匠に就いて学び、自分で稽古・研鑽・工夫し、反省しまた次に生かす。柳生新陰流の有名な教えで「三磨の位（三摩之位）」というものがあります。

これは口伝書「終始不捨書」に書かれているもので、すなわち「習（習うこと）」「練（稽古すること）」「工（工夫すること）」の三つを繰り返しながら上達していくということです。武道の世界において有名な教えで、上達に関する基本的な考え方であり、かつ上達の本当の秘訣といっていいでしょう。剣道を学ぶみなさんには、ぜひこの教えを意識してもらいたいと思います。

三磨の位については、図として円に点が三つあるだけで、あとは口伝で伝えたということです。さぞすばらしい口伝だったことでしょう。

かつて読んだ本にこんなくだりがありました。

「上達というのは、螺旋《らせん》を描くように進んでいくものである」

思わず膝をたたきたくなりました。「習」「練」「工」の過程を、螺旋を描くように進んでいくと、円（熟練度）がだんだんと大きくなります。剣道の質を高めていくとはこういうことかと実感しました。

剣の道は簡単に進むものではありませんが、大木が長い年月をかけて年輪を刻むように、実直に向き合いながら、心と技を深めていきたいものです。

「習」「練」「工」を繰り返し、少しずつ上達していく

「打ち切る」と「捨て切る」

剣道の先生方はよく「捨て切って打て」「打ち切れ」と口にします。

この二つの言葉、意味合いとしては同じことを指すのだと私は考えています。

「捨て切る」「打ち切る」は、ただ単に思い切って打って出ることでもなく、開き直って打つものでもありません。捨てるための条件は、必ず相手に勝った状態にあることです。

捨て切って打ったつもりが返されたとすれば、それは攻め勝っていなかったということです。いわば「攻防不一致」。実際に捨て切って打つことができれば、攻防一致であり、絶対に打たれません。相手がこちらの攻めに対し受けることで手一杯となってしまうからです。

捨て切っている状態とは、打ったかたちが攻撃と防御、二つが一つにおさまっていることを指します。

稽古において、「捨て切る」を身につけるためにはどうすればよいのか。まずは攻め合いをしっかりと行うことです。むやみやたらに攻めて打つところに、「捨て切る」要素はありません。要素がなければ、反省しようもなく、捨て切る感覚を磨くことにはつながらない。まずは攻め合いをし、その上で打たれたのなら、なぜ攻めが利いていなかったのか、その理由をとことん探る。そして本当に有効な攻め方を考える。こうした試行錯誤を繰り返せば、捨て切る打突につながるのではないでしょうか。

所作や着装をふくめ、品格とは醸し出されるもの

逆をいえば、あるとき攻め勝った状態をつくれても、同じ方法がいつも通用するとは限りません。経験を積み重ねることで、徐々に体得していければよいでしょう。

品格はどこから生まれるか

私が理想とする「品格のある剣道」とは、充分に稽古を積み上げて技も体も充分に鍛えた人が、さらに剣道におけるあらゆる無駄を省いていった末の、心と心のやり取りや技にあらわれるものではないかと考えています。

品格というのは、自然に醸し出されるものです。数字など明確なかたちであらわされるものではありません。また、自ら「品格がある」と表明するものでもありません。品格があるかどうかは、第三者が感じ取るものなのです。

気ということでいえば、「張る気」「澄む気」「冴える気」という段階があります。最後の「冴える気」こそ、すべてにこだわりのない無心の境地なのでしょう。

昔の先生方の姿には、心身ともに鍛え上げた末の境地、人として積み上げてきた徳などが自然と醸し出されていました。あの雰囲気は言葉で表現できるものではありませんが、人間性をふくめたすべてが剣道に反映されたものと思っています。

私たちにとって大切なのは、そうした一流の空気を実際に見て、感じて、真似をすることです。尊敬する先生の所作、着装のひとつひとつを注視して、気づいたところから変えていく。そんな工夫を長年積み重ねることによって、少しでも恩師に近づこうとすることが大事です。品格は一朝一夕で身につくものではありません。生涯剣道という長いスパンの中でたゆまぬ努力をし、自分を高めていきたいものです。

生涯剣道の秘訣とは

剣道修業には終わりはありません。

序章でも触れたとおり、持田盛二先生でさえ五十歳でようやく基本を体得したとおっしゃるほどです。剣道というものの奥深さに感嘆する思いです。

剣道のすばらしいところは、五十歳、六十歳になってぐんと上達する人がいることです。それを持田先生は「怖い」とおっしゃっていたそうですが、それは「自分がいい加減に稽古をしていると、いくらでも（熟練度において）人に抜かれてしまう」ということを示しています。われわれにとっても大いに戒めとなる言葉です。

大野操一郎先生も「七十歳にして強くなければ本物ではない」とおっしゃっていました。そのお言葉について記憶をたどってみると、七十歳のころの大野先生は九段を意識していた時期でした。当時、九段昇段を目指していた先生方の立合には、今も鮮明に覚えているほどの凄みがあり、比類のないものでした。

あのお姿に、生涯剣道の秘訣があるような気がしてなりません。

日本剣道形を実戦に生かす

日本剣道形の特徴は、師の位である打太刀が先に技を出し、弟子の位である仕太刀が先々の先の技と後の先の技で勝つという構成にあります。ここが大事なところで、日本剣道形を学ぶことは実戦（竹刀剣道）にも必ず生きてきます。

実戦を意識しながら形稽古をすれば、学生たちでも真剣に取り組めるようになる。形を指導するにあたっては、仕太刀と打太刀のやり取りからうまれる技の流れを解説し、「だから実戦に通じるんだよ」という話をすると、納得して取り組んでくれるようになります。

もうひとつ、学生たちには日本剣道形を教えられるように形稽古をやりなさい、と指導しています。将来指導者になることを目指して入学してくる学生が多数いるからです。日本剣道形は実戦にそのまま生きるということを、ぜひ地元に戻ったときに広めてほしいと願っています。

機を見ることの重要性は日本剣道形で学ぶことができる。写真は打ち太刀が大野操一郎範士、仕太刀は矢野博志範士によるもの

日本剣道形の解説には、打太刀が打ち込むときには「機を見て」という言葉が加えられています。ここが重要なところで、「機を見て」というと、自分が打ちやすいところで出ると思いがちです。そうではなく、相手が充実したところを見極める勉強でもあるのです。そのような観点から打太刀・仕太刀の研究をすれば、合気というものを理解することにつながります。

私自身も、仕太刀をやるときには打太刀を圧倒するような気持ちを心がけています。充実した攻めによって相手を動かし、引き出しておいて打つ。地稽古のところで述べたような好機を見極めるためにも、剣道形は有効な稽古法だと信じています。

昇段審査のポイント

お互いの歩合を争うのが試合とすれば、昇段審査では歩合だけでなく、総合的な剣道力が評価の対象となります。

特に高段位の審査となると、構え、姿勢のよさ、基本にのっとった動き、攻め勝って技を出したか、残心は十分であるかなど、すべての要素が問われます。多くの学生が受審する四段あたりから単なる有効打突だけでなく、相手との心のやりとりといった要素が審査の対象に入ってきて、六段、七段と段位が上がるにつれてより高度なものが求められるようになります。

基礎、基本や攻め合いの部分はもちろん、八段を目指せる剣道かどうかといった将来性も見られています。また、何本も技を出さなかった人については、「本来どれほどの力をもっているのか」ということも審査員は注視している。要するに打った数、打たれた数は本質的な問題ではありません。

昇段を目指す稽古においては、いかに攻めて打ち切るかをテーマに据えると、審査の内容もぐっとよくなるでしょう。最近の審査で感じるのは、「打たれたくない」と思いながら立ち合う人、打たれないように打とうとする人が多いということです。要するに日ごろからそのように思っていることがそのまま形になって表れている。そこの考え方を変えると、剣道がぐんと面白くなると思います。学生でも、せっかく攻めているのに、受けながら打ちにいく者が多く、私は見ていてとても歯がゆく感じています。

打たれたくない気持ちをこらえ、攻めて打ち切る。審査もまた日常の稽古の延長にあるのだということを強調しておきます。

平成19年の京都大会。著者(左)と山内正幸八段の立合

一流の立合に学ぶ

繰り返しますが剣道は芸事です。正師に就いて学ぶということは、どうしても外せません。「正師いざれば学ばざるに如かず」という言葉があるほどで、我流では身につかないのが剣道です。

大学を卒業すると、多くの学生がそれぞれの地元に帰って稽古に励みます。各都道府県には必ずすばらしい先生方がいらっしゃいますから、その先生に就いて、もし自分の剣道に間違いがあればきちんと指摘してもらい、導いてもらうことが大切です。我流で勉強しようとすると、どうしても剣道が崩れてしまうものです。

八段の先生方でも、手取り足取り、事細かく指導されるということは少ないでしょう。大事な助言というのはそれほど多くはなく、一つか二つ。そこを的確に指摘してくださる師匠の存在はありがたいものです。指導を受ける側は、指摘された点をしっかり直していくことが重要です。

また、実際に一流の立合や稽古を見て学ぶことも大切です。私自身、戦前から修業された先生方の立合が今でも目の奥に焼きついています。拝見することで、何が理想の剣道かという価値観を学ばせていただきました。

年齢や段位が上がると欠点を指摘してくれる人が少なくなってきます。京都大会で立合をしたとして、出来がよかったのか悪かったのか、自分だけの価値観で判断しなくてはならないときがあります。そういうとき、これまで教えていただいた恩師たちのありがたさを身にしみて感じるのです。

昔の先生方の剣道は、品格においても抜きん出ていました。心と心の立合をされ、またどんなに高齢でも拝見していて驚嘆せざるを得ないような一流の技を出しておられました。私もそうありたいと思いながら、「生涯剣道」を胸に稽古する日々を送っています。

選手権者への道（九）

横尾英治（第14期）

よこお・えいじ／昭和25年、福岡県生まれ。朝倉高から国士舘大に進み卒業後、和歌山県高校教員となり、県立箕島高校校長で退職。全日本剣道選手権大会優勝、世界剣道選手権大会個人優勝、国体優勝など。教士八段

国士舘での四年間、ご高名な先生方や全国から真剣に剣道を極めようと集まった仲間に恵まれ、日々質の高い剣道と向き合うことができ、多くのことを学びました。

稽古では、切り返しと面打ちなど基本稽古の積み重ねによる技の修得。試合では、常に強くあること、勝ちつづけること、またその勝ち方までが求められました。そんな試合の繰り返しによって、頂点を目指すために必要な勝負に対する執着心、精神的な強さ、大野先生のお教えの中心である「不動心」が身についたように思います。

国士舘の剣道は、常に中心を攻め、自分の間合から一撃で一本を取る剣道です。私も小学生のときからこうした剣道を心がけていたので、大学の稽古で自然に力が育まれていったのでしょう。

＊　＊

剣道の試合で大切なことは、相手を見抜く洞察力、打突するときの判断力、勇気、残心です。中でも私が大切にしていることは、間合です。

私が得意としていたのは、小学生のころから、間合の攻防の中で相手の心を読み、呼吸を測り、機を見て面に跳び込んでいく技です。相手が面を意識していても、あえて面で決める醍醐味は格別です。

これを基本として試合を組み立てれば攻めのパターンが広がり、試合を優位に進められます。全国大会などで活躍されている人と試合をするときは、相

手の得意技が何かをしっかり把握し、その中で自分の技で有効打突を決めなければならない。そこには虚々実々の心と技の戦いが生まれます。

＊　＊

試合に負ければ、また新たな課題に向けての稽古が始まります。まさにこれが剣道上達への推進力、また、剣道の魅力でもあります。これら剣道で学んだ「洞察力、判断力、勇気、残心、間合」などは、社会人となり、さまざまな苦難に遭遇したとき、それを乗り越えていく上で大きな力となります。

けっして安易に妥協せず、

昭和49年、全日本選手権を制す

目的達成のためにはどうすればよいかを考え、工夫し実行する。そしてその結果を検証し、次に活かす。このことは剣道の修錬で自然と身についたものと信じています。

私は、全日本選手権大会には十回出場し、優勝一回、三位二回の成績を残すことができました。教員という立場上、稽古時間が限られた中である程度成果を出せたのは、国士舘で学んだことが大きかったです。

剣道は自分で考え、工夫・研究することがなによりも大切です。その考え方を教えてくれたのが国士舘でした。

選手権者への道（十）

桜木哲史（第12期）

さくらぎ・てつし／昭和24年、福岡県生まれ。柳川高から国士舘大に進む。全国教職員大会個人優勝、世界剣道選手権大会個人・団体優勝、全日本剣道連盟設立30周年記念剣道選手権選抜優勝大会優勝など。現在、佐賀県小城市にて少年剣道を指導（桜武館）。剣道教士七段

国士舘の剣道を初めて見たのは昭和四十一年のことです。全日本学生剣道優勝大会がテレビ中継されていて、国士舘が二回目の栄冠を手にしました。そのとき私は高校三年生で、実は別の大学に進もうと考えていたのです。しかし、国士舘の美しくて強い剣道を目の当たりにし、急遽、進路変更を決意しました。

国士舘のセレクションには柳川商業の同級生であり親戚の桜木俊幸と一緒に上京しました。ところが自分の剣道が先輩方にまったく通用しません。「これが国士舘の剣道か……」。衝撃的な出来事でした。

運よく合格することができたのですが、同期は百四十人もいます。その中で目立つために、何を準備すべきか考えました。当時、国士舘に地元三池高校出身の高野先輩が在籍されており、高野先輩から「四月の歓迎試合で結果を残さなければ選手として使ってもらえないぞ」と激励を受けていたのです。合格以降、国士舘入学までの四ヵ月、片道四キロ、高校までランニングで通うようになりました。

＊　＊

昭和四十二年、国士舘大学に入学し、剣道三昧の生活が始まりました。国士舘では大野操一郎先生をはじめ高名な先生方に教えを受けることができましたが、私の剣道に大きな影響を与えてくれたのは義

兄・馬場欽司です。義兄は私と五歳違い、国士舘に入学したときは、長崎で教員をしていました。ただ、義兄は学生時代に全日本剣道選手権大会の東京都代表となったほどの実力者で、「馬場先輩の上段」といえばすでに伝説となっており、国士舘のだれもが知る存在でした。その義兄が国士舘の教員として東京に戻ってくることになり、直接稽古をつけてもらえるようになったのです。思い出に残るのは、私が国士舘の教員時代、鶴川校舎で毎週一回の授業のあとの義兄との稽古。私も二十代で、だれにも負ける気がしなかったころですが、その鼻っ柱をへし折られるような強さがありました。

＊　＊

国士舘で生き残るには普段の稽古に取り組むのはもちろんのこと、一人稽古も重要です。寮の屋上ではいつもだれか素振りをしていました。気を抜けば置いていかれてしまいます。

　私は勝ちたい一心でさまざまなことに挑戦してきました。日本一、世界一を目指すには新しい発想で挑戦しなければ勝つことはできません。そうした剣道に対する考え方を身体に覚え込ませてくれたのが国士舘であると考えています。

全国教職員大会でも多くの戦歴を残す。世界選手権第2回大会（昭和48年）では団体と個人で優勝

終章　国士舘剣道のルーツ
――森島健男範士に聞く

森島範士のご自宅にて

森島健男　もりしま・たてお
大正11年、熊本県生まれ。旧制御船中学校から国士舘専門学校に進む。昭和20年1月、西部第16部隊に配属、鹿児島で終戦を迎える。昭和23年3月、警視庁に奉職。警視庁の剣道特練員を経て指導者となり、剣道主席師範で退職する。全剣連創立20周年記念全国選抜八段戦優勝。警視庁名誉師範、元警察大学校教授、明治大学剣道部名誉師範など。昭和52年剣道範士、平成4年剣道九段私が熊本から上京し、国士舘専門学校に入学したのはいまから八十年前、昭和十四年のことです。国士舘では斎村五郎先生を筆頭に、岡野亦一先生、小野十生先生、小川忠太郎先生、小城満睦先生、堀口清先生らにご指導をいただきました。

国士舘が誕生したのは大正六年。柴田徳次郎先生を筆頭とする青年有志が集まり、東京市麻布区笄町（現港区南青山）に私塾「國士舘」を創立しました。

小川忠太郎範士

堀口清範士

国士舘の創立者・柴田徳次郎

「剣道は剣の理法の修錬による人間形成の道である」
この理念が剣道の原点と考えている

「活学を講ず」の宣言とともに、人間形成を重んじる教育を謳い、国家社会に貢献する「国士」を養成することが建学の目的でした。昭和八年に現在の世田谷へ移転。以降、中学校・商業学校を創設し、私が学んだ国士舘専門学校が創設されたのは昭和四年のことです。

＊　　＊

国士舘専門学校は、中等学校教員の養成を主な目的としていて、組織は本科と研究科からなり、修業年限はいまの大学と同じ四年でした。本科は国漢剣道科・国漢柔道科に分かれており、学生は剣道・柔道のいずれかを専攻して週十四時間、国語・漢文を主要科目として週十六時間、そのほか哲学・社会学・法制経済・英語など多岐にわたって学びました。学生は黒詰襟に金ボタン、黒ラシャの角帽、黒の編上靴の制服に身を包み、全員が各寮から通学していました。

国士舘専門学校卒業生には昭和八年より、剣道・柔道の中等学校教員免許が文部省から無試験で与えられていました。昭和十一年には国語、昭和十三年には漢文の認可が加わり、卒業すると剣道・国語・漢文の教員免許状を得ることができたのです。

学生時代の森島範士

私はそのような国士舘専門学校に魅力を感じ、剣道専門家を夢見て上京したのでした。

＊　　＊

私が剣道を習ったのは熊本県の御船中学校（現・御船高校）です。現在の熊本空港近くにあった学校で、先生は武専（大日本武徳会武道専門学校）出身の水野尾清先生。

水野尾先生は基本を大事にされ、稽古は切り返しと掛かり稽古ばかりでした。県下中学校大会に出場してもほとんど勝ったことがありません。水野尾先生には「中学校時代は基礎をしっかりつくっておく時期。基礎をしっかりつくっておけば将来は伸びる」という基本方針があったようです。

中学校時代に土台を作っていただいたことが、国士舘専門学校で大いに役立ちました。

専門学校の学生は、寮生活です。これは武道（剣道・柔道）並びに訓育の修錬を重要視してきた伝統です。

寮生活の一日は午前五時の大太鼓とともに起床し、点呼後、剣道の朝稽古です。稽古終了後、校舎内外の清掃を行い朝食。八時に国士神社前で朝礼を行い、八時十分から授業が始まりました。午後二時半までの授業後、再び剣道の稽古、その後、夕食と自習時間を経て、午後九時には就寝という厳しいものでした。

厳格な寮生活を通じて、剣道と勉学の心身鍛錬、師弟ともに「朝夕起臥」の共同生活による人間形成を目指したのです。

＊　＊

われわれ国士舘専門学校十二期生は同期が約五十人いて、天才剣士と謳われたのちの全日本選手権優勝者、中村太郎君も同級生です。五十人いた同期ですが、卒業したのは二十九人。稽古が厳しく、途中で病気になったり、田舎に帰ってしまったりした学生がいました。

国士舘の稽古は京都方式で、一年生は切り返しばかり。二年生は切り返し・掛かり稽古と基本を重視していました。使用する竹刀はすべて三尺七寸です。斬る剣道を身につけさせたかったのでしょう。

夏の稽古は汗でびっしょりになり、小川先生の小手を打ったときに大げさではなく、水しぶきがあがったくらいです。三年生になってやっと互格稽古が許されました。

＊　＊

私が一年生のときの四年生には羽賀準一先生の弟、羽賀忠利先生（範士八段、のちに静岡県警察師範）、西善延先生（範士九段）、三年生には市川彦太郎先生（範士九段、のちに埼玉県警察師範）がいて、その学年には熊本出身の山形博雄さんという先輩がいました。

山形先輩は御船中学出身で剣道が本当に強く、四年時は国士舘の主将に就任。同窓のよしみで私を本当にかわいがってくれ、「おまえも主将になれ」と鍛えていただいたものです。稽古後はいつも食事につれていってくれ、兄のような存在でした。でも、そんな素敵な人に限って戦地にいくと帰ってきませんでした。久留米の士官学校を出て、戦地に送られたのですが、終戦間際のことで、どこで亡くなったのかもわかりません。私はいまでも靖国神社に参拝しているのですが、かならず山形先輩の御札もいただき、ご遺族に送っています。

＊　＊

専門学校に入学したとき、新入生で初段だったのは私を含めてわずか二人でした。二段取得者四十人、三段が七人だったと記憶しています。入学したとき、私の序列は一番下でしたが、これ以上落ちることはありません。山形先輩の激励もあったので、人よりも二倍も三倍も稽古をすることを自分に課しました。

道場には誰よりも早く行き、自分が座る場所に面を置き、精神を集中させました。稽古を人の二倍、三倍もやるということは通常の時間外にも稽古時間を捻出しなければなりません。決まった時間内では人並みです。人並みにやっていたのでは結局、一番下になってしまいます。

まず取り組んだのが素振りです。夜九時に消灯なので、人が寝静まったあとに道場に行って、電気をつけないまま日本刀で素振りを始めました。現在、素振りは準備運動的な要素として行われることが多いですが、それは間違いです。素振りは太刀と身体の一体的な遣い方の体得や、打突につながる太刀筋を覚えるためにも重要な稽古なのです。

また、国士舘は日曜日が休みだったので、講談社野間道場に行きました。野間道場はのちに師範をさせていただくことになりますが、学生時代から本当にお世話になりました。剣聖といわれた持田盛二先生をはじめ、高名な先生方に稽古をお願いできたこと、また稽古をする姿を拝見できたことは、私の財産になっています。

週末の稽古に通った往時の講談社野間道場

＊　＊

国士舘では高名な先生に教えを受けましたが、のちに警視庁奉職後も特にご指導をいただいたのが斎村先生と小川先生です。学生時代、斎村先生の教えで鮮明に覚えていることがあります。

「打たれなくとも、心が動いたら負けと思え」

その真意は学生時代のわれわれにわかるはずもなく、大いに疑問をもったものです。いま思えばこの教えは、われわれ剣道家に与えられた永遠の課題ではないでしょうか。

『斎村五郎の遺稿と思い出』にこんな一節があります。

「剣道の稽古は相手を攻める。そこを打たれても気分と切っ先とが崩れなければよいのである。この修行をするのである。試合においても然り。打ち合いではない。心が動くか動かぬかの試験である。技は結果である。それを勝とう、負けまいとすると、勝敗に捉われ肝心の自分がお留守になってしまう。然しこれは理屈であって実行は困難である」

この言葉をわれわれは吟味して、日々の稽古に取り組まなければなりません。

＊　＊

国士舘専門学校の初代師範・斎村五郎範士

小川先生には国士舘入学時から平成四年一月二十九日のご逝去まで、半世紀以上にわたり親身のご指導を賜り、最高の幸運をいただいたと思っています。あまりにも身近にいたために多少の甘えもあり、なおかつ、いつでも教えていただけるという安心感もあり、大事なことを聞き漏らしてしまったような後悔の念にかられることがあります。ただ、口で教えていただかなくても、学生時代には前述のように切り返しを何万本も受けていただき、卒業後はおそばにいて日常生活における先生の一挙手一投足が教訓となりました。

あるとき、稽古が終わると後ろからトントンと肩をつっつく者がいます。振り返ってみると小川先生でただ一言、「怠けているな」。何もかも見透かされていました。以前から一日一香（座禅）を命ぜられていたにもかかわらず、横着をしていると先生に見破られました。

忘れられない出来事があります。

昭和四十七年六月、全剣連創立二十周年記念全国選抜八段戦のときのことです。三回戦までやっとのことで勝ち抜いたものの、その後は強豪ばかり。どうしたものかと控室で思案していると小川先生が入ってこられ、これもただ一言、「諸手突きの届くところへ入れ」と言ったまま立ち去られました。まさか諸手突きで突けということではないでしょう。とっさに自分なりの解釈をしました。

「お前はまだ勝敗に拘っているぞ。捨てて諸手突きの届く敵の間に入れ」と。

その瞬間、肩の力が抜けて、暗雲が晴れたような気持ちで戦うことができました。その結果、優勝という名誉までいただくことができ、師の一言をこれほど重く感じることはありませんでした。

＊　　＊

昭和五十年三月二十日、全日本剣道連盟は「剣道は剣の理法の修錬による人間形成の道である」とした「剣道の理念」を制定しました。この理念は、松

本敏雄先生を委員長とする剣道指導理念委員会（のちに理念委員会）で三年あまりの歳月をかけて慎重に審議を重ねて制定されたものです。委員の先生方の間で侃々諤々の議論がかわされたとお聞きしていますが、私は立派な理念だと思っています。

この立派な理念を形骸化させないために、剣の理法をいつも忘れないことが大切です。剣道は真剣勝負であり、これが剣道の原点。それを忘れたら剣道は成立しません。

私は「初太刀一本がきた」と陰口をいわれるくらい「初太刀一本」の重要性を訴えてきました。これは小川先生の教えでもあります。

剣道は真剣勝負。やりなおしがききません。それでも失敗することはあるでしょう。失敗ばかりでもよいのです。二本目も初太刀、三本目も初太刀、そのような気持ちで稽古を積んでいくことが大切です。その意識の積み重ねが無駄打ちを

写真は平成4年に多摩校舎移転が行われるまで使われていた旧道場

減らし、よい剣道へと向かっていくと思います。

国士舘専門学校は戦後、国士舘大学となり、いまも剣道界から高い評価を得ています。これは国士舘専門学校時代から大切にしてきた基本重視の指導が継続されているからです。時代は平成から令和へと移り変わりましたが、この伝統を守り、今後も剣道

界に有益な人材を輩出してほしいと願っています。

謝辞

今回、国士舘の剣道について一冊にまとめるというお話があったとき、私のような道半ばの人間には荷が重すぎるというためらいがありました。ただ、国士舘の剣道は一朝一夕に成ったものではなく、幾多の傑出した先生方のお教え、すばらしい先輩方のご努力のたまものです。その恩恵に浴してきた私にとって、次代を担うみなさんとその財産を分かち合うのはひとつの責務であると考え、お引き受けすることにしました。

刊行にあたり、戦前の国士舘専門学校ご出身である大先輩、森島健男先生のご協力をいただくことができたのは望外の喜びでした。戦前の稽古の激しさは想像もつかず、現在の剣道部とはレベルも段違いだったことと思います。ただ、森島先生のお話を伺っていて、ひたすら基本を繰り返す稽古方法は、八十年後の現在まで連綿として受け継がれてきたものであることを再認識し、伝統の重み、ありがたさを痛感しました。

国士舘のＯＢには私が尊敬する剣道家がたくさんいらっしゃいます。今回は世界選手権、全日本選手権、全日本女子選手権の優勝経験者にお話を伺い、ご紹介しました。桜木哲史さん、横尾英治さん、川添（旧姓桑原）永子さん、東一良さん、右田幸次郎さん、佐藤（旧姓黒須）厚子さん、坂元（旧姓朝比奈）静香さん、安藤戒牛さん、安藤翔さん、國友錬太朗さん、まことにありがとうございました。

本文中の写真、付録のＤＶＤ撮影にあたっては、国士舘若手ＯＢの安藤翔さん、國友錬太朗さん、土谷有輝さん、宮本敬太さんに実技をお願いしました。心より御礼を申し上げます。この四人は現在、剣道界をリードするトップ選手として活躍する選手たちです。「大きく、正しく、烈しく、強く」を地で行く映像は、若いみなさんにぜひ参考にしていただきたいと願っています。

本書の刊行にあたっては、「剣道時代」の小林伸郎編集長、柳田直子さん、青文舎の西垣成雄さんに多大なご協力をいただきました。こうして一冊の本をまとめることができたのは、講談社剣道部の矢吹俊吉さん、赤岩一郎さんとのご縁によるものです。そのほか、お力添えをいただいた関係各位には心より感謝を申し上げます。

令和二年五月

氏家道男

<DVD・本文写真実演>

安藤翔（あんどう・しょう）　平成2年、北海道生まれ。東海大第四高校（現東海大札幌）から国士舘大学に進み、卒業後、北海道警察に奉職。世界剣道選手権大会団体優勝2回・個人優勝、全日本剣道選手権大会3位

國友錬太朗（くにとも・れんたろう）　平成2年、福岡県生まれ。福岡舞鶴高校から国士舘大学に進み、卒業後、福岡県警察に奉職。全日本剣道選手権大会優勝、2位2回

土谷有輝（つちたに・ゆうき）　平成4年、石川県生まれ。金沢高校から国士舘大学に進み、卒業後、大阪府警察に奉職。全国警察剣道選手権大会優勝

宮本敬太（みやもと・けいた）　平成7年、茨城県生まれ。水戸葵陵高校から国士舘大学に進み、卒業後、警視庁に奉職。全日本剣道選手権大会3位

著者紹介

氏家道男（うじいえ・みちお）

昭和26年、宮城県生まれ。国士舘大学体育学部卒業。国士舘大学大学院スポーツ・システム研究科スポーツ・システム専攻（修士課程）教授。剣道範士八段。平成17年、国士舘大学剣道部長に就任し、現在に至る。主な戦績に全日本学生選手権優勝、全日本選手権3位、全国教職員大会個人優勝、全日本選抜剣道八段優勝大会準優勝などがある

NDC789　254p　21cm

相伝《そうでん》　国士舘剣道《こくしかんけんどう》

2020年5月13日　第1刷発行

著　者　氏家道男《うじいえみちお》
発行者　渡瀬昌彦
発行所　株式会社　講談社
〒112-8001　東京都文京区音羽2-12-21
販売　(03) 5395-4415
業務　(03) 5395-3615
編　集　株式会社講談社サイエンティフィク
代表　矢吹俊吉
〒162-0825　東京都新宿区神楽坂2-14　ノーヴィビル
編集　(03) 3235-3701
印刷所　凸版印刷株式会社
製本所　大口製本印刷株式会社

Printed in Japan
ISBN 978-4-06-516871-4